레오나르도 다 빈치

위대한 예술가이자 경이로운 천재

기획 MBC · C*lancer _ 글 이여신 _ 만화 김인호

서문

평생 호기심을 잃지 않은 레오나르도 다 빈치

〈재능 무한대〉 방송 촬영 중에 있었던 일입니다. 존경하는 위인을 표현해 보라는 과제를 낸 적이 있었어요. 4학년 남자 어린이가 측우기를 발명한 과학자 장영실을 누더기 옷을 입은 모습으로 표현했더군요. 이유를 물었지요. '재능과 노력으로 신분과 가난을 극복한 과학자라는 사실을 보여 주려고 했다'고 답하더군요. 놀랐습니다. 어린 아이가 그런 생각을 하다니. 한데 정작 부모님은 평범한 아이일 뿐이라며, '내 아이가 정말 그런 말을 했나요?'라고 되묻기까지 했어요.

그때 〈재능 무한대〉 제작팀은 '아이들이 알고 싶은 건 위인의 업적이 아니라, 어떤 재능으로 무슨 노력을 했을까 하는 점이 아닐까' 하는 생각을 했어요. 아이들의 꿈, 그 꿈을 공상이 아닌 현실로 만들려면 보다 구체적인 정보와 조언이 필요합니다. 의사, 사장, 교수가 직업의 전부였던 시대와 지금은 무척 다릅니다.

　〈재능 무한대〉는 수백 명 아이들과 만나고 아이들을 가까이에서 지켜보며 촬영하는 프로그램입니다. 아이들을 밀착해서 촬영하다 보니 아이들이 미래에 대한 구체적인 정보를 원하고 있다는 사실도 알았지요. 우리가 알고 있는 위인들도 만약 재능을 계발하지 않았다면 그저 평범한 일생을 살았을 겁니다.

　이런 문제의식을 담아 〈재능 무한대〉를 제작했으며, 프로그램의 한 코너였던 '위인들의 재능 이야기'를 좀 더 확장해 책으로 선보입니다. '위인들의 재능 이야기' 시리즈는 누구나 위대한 인물이 될 수 있음을 보여 주는 책입니다. 만화로 간략하게 인물의 생애를 보여 줘 어린이들에게 흥미를 유도하고, 다음에는 구체적인 인물 이야기를 통해 재능을 발전시키는 과정을 보여 줍니다. 마지막에는 실제로 어린이들이 인물의 특징적인 재능을 따라 할 수 있는 활동 프로그램까지 제시합니다.

　'위인들의 재능 이야기' 시리즈는 실질적 메시지를 전달하기 위해 위인의 재능 발달 지도를 보여 줍니다. 재능 발달 지도는 다중지능이론과 교육 심리 등 최근 이론을 근거로 작성했습니다. '몸으로 이해하고 표현하는 능력', '소리로 이해하고 표현하는 능력', '그림(공간)으로 이해하고 표현하는 능력', '논리로 이해하고 표현하는 능력', '자

연으로 이해하고 표현하는 능력', '언어로 이해하고 표현하는 능력' 등으로 위인의 능력을 분류했어요. 업적이 아니라 재능과 능력에 따라 위인을 나누고, 어린이들의 능력과 관심이 어느 영역인지를 견주어 보도록 말입니다.

　재능 발달 지도는 위인의 일대기가 아닙니다. 재능과 능력이 어떻게 발전해 갔는지를 알려 주는 나침반입니다. 재능 발달 지도를 보고 나는 어떤 재능이 있는지, 재능을 어떻게 계발시킬지를 스스로 고민하는 것이 목적입니다.

　서울대 교육학과의 문용린 교수는 우리나라 부모들이 너무 일찍부터 아이를 위인으로 키우는 걸 포기한다고 지적하더군요. 서울대 교육학과의 류숙희 박사도 위인의 일생을 분석해 보면 적어도 다섯 명의 멘토를 만난다고 합니다. '위인들의 재능 이야기'에 나온 인물들이 부디 우리 어린이들에게 멘토가 되길 바랍니다.

　'위인들의 재능 이야기'는 '몸으로 이해하고 표현하는 능력'이 뛰어난 인물로 버락 오바마, 찰리 채플린, 헬렌 켈러, 이사도라 덩컨을 선보였습니다. 이번에는 '그림(공간)으로 이해하고 표현하는 능력'이 뛰어난 첫 번째 인물로 레오나르도 다 빈치를 소개합니다.

　레오나르도 다 빈치는 건축, 미술, 의학, 공학 등 전 분야에 뛰어난

업적을 남긴 천재였습니다. 위대한 업적을 남겼지만 그 역시 처음에는 아주 보잘 것 없는 신분이었답니다.

그는 가난한 집안에서 사생아로 태어났어요. 어려서는 친구도 없이 외롭게 지내야 했고, 신분 때문에 대학교육은 꿈도 꿀 수 없었지요. 하지만 그가 꿈을 포기 하지 않을 수 있었던 것은 할아버지의 격려와 믿음 덕분이었어요.

"레오나르도, 항상 눈을 크게 뜨고 호기심을 잃지 마라."

레오나르도 다 빈치는 할아버지의 믿음을 자양분 삼아 호기심을 잃지 않고 꿈을 키워나갔어요. 그가 위대한 예술가이자 발명가이며 과학자가 될 수 있었던 건, 바로 호기심과 상상력을 잃지 않았기 때문이에요.

"나는 할 수 있어."

레오나르도처럼 자신에 대한 믿음이 있다면, 상상을 현실로 만들 수 있어요. 세상 어떤 일도 해 낼 수 있다는 사실을 이 책을 읽으면서 어린이 여러분도 깨닫기 바랍니다.

〈재능 무한대〉 제작팀을 대표하여
최윤정

contents

서문·평생 호기심을 잃지 않은 레오나르도 다 빈치 _ 2
레오나르도 다 빈치 _ 8
레오나르도 다 빈치의 재능 지도 _ 10

만화로 보는 레오나르도 다 빈치 _ 12

PART 01
유년기
자연을 사랑한 시골 소년 _ 36
눈을 떠라 _ 45
거울 필체 _ 51

PART 02
청소년기
르네상스를 만나다 _ 58
베로키오의 공방 _ 66
새로운 유화 기법 _ 71

PART 03
청년기
둥근 방패의 그림 _ 78
살타렐리 사건 _ 82
과학기술자 레오나르도 _ 87

PART 04
성년·노년기
뛰어난 음악가 _ 98
레오나르도의 노트 _ 103
고집쟁이 해부학자 _ 106
작은 악마, 자코모 _ 112
최후의 만찬 _ 115
비상을 꿈꾸다 _ 123

레오나르도 다 빈치 따라 하기 _ 130

Leonardo da Vinci
레오나르도 다 빈치

레오나르도 다 빈치는 여러분도 잘 알다시피 '모나리자' 나
'최후의 만찬' 같은 걸작을 그려 낸 유명한 화가예요.
그런데 그는 위대한 예술가이면서도 과학자였고, 발명가였답니다.
그뿐만이 아니에요. 그는 건축가였으며, 수학자였고,
천문학자이면서 음악가였어요.
레오나르도는 훌륭한 교육을 받았기 때문에 여러 분야에서
뛰어난 재능을 발휘할 수 있었을까요? 아니에요.
그는 어린 시절을 외롭게 보내야 했고, 신분 때문에
훌륭한 교육을 받을 수 없었답니다. 그렇지만 그는 어려서부터
주변에 있는 사물을 자세히 관찰하여 그리는 걸 좋아했어요.
그는 자연의 섭리와 세상의 이치를 깨닫기 위해 끊임없이
고민하고, 최선을 다해 노력했답니다. 무엇이든 궁금한 게 생기면
그 문제를 해결할 때까지 연구를 멈추지 않았어요.
그런 노력이 그에게 날카로운 눈과 빠른 생각을 갖게 해 주었고,
여러 분야에서 다른 사람들보다 뛰어난 업적을
남길 수 있게 해 준 거예요.
우리에게 인간의 무한한 가능성과 탐구 정신을 알려 준 레오나르도가
어떻게 자신의 재능을 키워 나갔는지 지금부터 함께 만나 봐요.

재능을 살려 성공을 이끌어 낸
레오나르도 다 빈치의 재능 지도

재능 지도란 한 인물이 역경에 맞서 재능을 찾아내고 자신을 발전시킨 인생의 전환점을 시기별로 정리한 지도입니다. 레오나르도 다 빈치의 재능 지도를 보며 여러분의 재능이 무엇인지, 어떻게 발전시켜 나갈지를 함께 상상해 보세요.

- 자연에 푹 빠진 시골 소년
- 포 로키오
- 오른쪽에서 왼쪽으로 글을 씀
- 르네상스를 접함
- 베로키오 공방
- 유화 기법을 갈고 닦음
- 독창적인 방패 그림

유년기

4세 사생아로 태어난 후 어머니와 떨어져 아버지, 할아버지와 함께 살아가요.

10세 친구는 없지만, 삼촌과 할아버지의 보살핌 속에서 자연을 마음껏 돌아다니며 데생에 열중해요.

청소년기

13세 르네상스의 중심지인 피렌체로 이사를 하게 돼요.

14세 베로키오 공방의 견습생이 되어 정식으로 미술 교육을 받아요.

16세 다양한 분야의 사람들을 만나면서 견문을 넓혀 가요.

위대한 미완성
불후의 명작 탄생
살라이와의 만남
레오나르도의 노트
'인간 형상' 연구
하프 연주
과학기술자의 꿈
억울한 누명

청년기

20세 피렌체의 상공업 조합에 화가로 정식 등록되면서 실력을 인정받아요.

24세 살타렐리 사건에 휘말려 체포되었다가 풀려나요.

25세 자신의 작업실을 열어 작품 활동을 해요.

28세 베로키오가 3년에 걸쳐 진행해 온 '세례 요한의 참수' 그림 작업에 협력해요.

29세 '동방박사의 경배'를 그리기 위해 활동 범위를 넓히면서 비행과 잠수 도구를 연구하고, 해부학에도 관심을 가져요.

성년·노년기

31세 밀라노의 성 프란체스코 대성당의 신심회 예배당 제단화 '암굴의 성모'를 의뢰받아요.

43세 '최후의 만찬'을 본격적으로 그리기 시작해 3년 만에 완성해요.

54세 '모나리자'를 완성하고, 하늘을 나는 방법도 계속 연구해요.

67세 프랑스 앙부아즈에서 열린 축전에 그가 고안한 기계 등을 전시하고, 여러 건축에 관여해요. 세상에서 가장 위대한 예술가였다는 축복을 받으며 프랑스의 궁정에서 세상을 떠나요.

만화로 보는 레오나르도 다 빈치

레오나르도 다 빈치는 1452년 이탈리아의 빈치라는
시골 마을에서 태어났어요.
훗날 그는 '모나리자', '최후의 만찬' 등을 그린
르네상스 시대 최고의 예술가가 되죠.
뿐만 아니라 뛰어난 발명가이기도 했던 레오나르도를
먼저 만화로 만나 봐요.

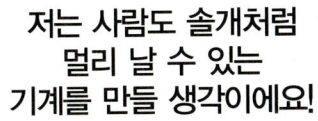

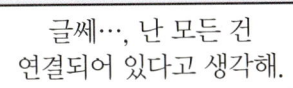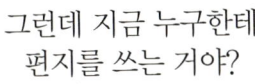

PART 01

레오나르도 다 빈치의 유년기

레오나르도는 어린 시절부터 미술에 뛰어난 재능을 보였어요.
들로 산으로 뛰어다니며 눈에 보이는 모든 것을
스케치북에 담아냈지요.
자연은 레오나르도에게 멋진 실험실이었답니다.
하지만 어머니의 품을 떠나 살 수밖에 없었기 때문에
친구 한 명 없이 외톨이로 지내야 했어요.
불우한 가정환경을 딛고 왕성한 호기심을 예술적 재능으로 발전시킨
레오나르도의 어린 시절 속으로 우리 함께 들어가 볼까요?

자연을 사랑한 시골 소년

"레오나르도! 레오나르도 어디 있니! 이런, 내가 잠시 한눈을 판 사이에 또 어디로 사라져 버렸군."

"프란체스코 삼촌! 저 여기 있어요."

"레오나르도, 오늘은 또 뭘 그리려고 그렇게 쏘다닌 거니? 네 얼굴 좀 봐. 온통 흙투성이잖아."

"삼촌, 이것 좀 보세요. 정말 신기하죠?"

프란체스코는 땀을 닦으며 레오나르도가 내민 스케치북을 보았어요. 스케치북에는 포도원에 걸려 있는 거미줄과 수풀 속에 앉아 졸고 있는 개의 모습 등이 어지럽게 그려져 있었어요.

그런데 그림에서 유난히 프란체스코의 눈에 띄는 부분이 있었어요.

"레오나르도, 이건 새가 아니냐? 날갯짓하는 모습이 정말로 살아 있는 새를 보는 것 같구나."

"언덕에 올라가면 이런 새를 많이 볼 수 있어요. 하지만 전 지금 솔개를 찾아다니는 중이에요."

"솔개라고?"

"네. 솔개는 어떤 새보다도 멀리 날 수 있대요. 삼촌, 전 이 다음에 반드시 솔개처럼 가장 멀리 날 수 있는 물건을 만들 거예요."

레오나르도의 말에 프란체스코는 깜짝 놀랐어요. 겨우 다섯 살밖

"자연은 정말 신기해!"

레오나르도에게 자연은 호기심의 대상이자 친구였어요.
그는 산과 들에서 만나는 온갖 동식물을 유심히 관찰했어요.

레오나르도 다 빈치가 태어난
이탈리아 토스카나 지방의 빈치.

에 되지 않은 조카의 입에서 나온 말이었으니까요.

'레오나르도, 넌 자라면 분명히 큰 인물이 될 거야. 이 그림만 봐도 알 수 있어. 꽃이든 동물이든 이렇게 멋지게 그려 내다니!'

프란체스코는 흐뭇한 미소를 지으며 어린 조카를 번쩍 안아 올렸어요. 이 어린 소년이 훗날 르네상스 시대의 예술사에서 커다란 획을 그은 레오나르도 다 빈치였답니다.

레오나르도는 1452년 어느 봄날 저녁, 이탈리아 토스카나 지방의 빈치라는 마을에서 태어났어요. 빈치는 무척 조용하고 아름다운 시골 마을이었어요. 무성하게 자란 갈대밭과 올리브나무 숲이 동화 속 마을처럼 펼쳐져 있었지요.

자연은 레오나르도에게 가장 친한 친구이자, 온갖 신비가 담긴 실험실이었어요. 레오나르도는 매일 들판을 뛰어다니며 온갖 동물을 관찰했어요.

'와! 개구리가 뛰는 모습은 정말 재미있구나.'

'먹이를 나르는 개미들은 이렇게 일렬로 줄을 지어 가네?'

레오나르도는 밤낮을 가리지 않고 스케치북에 자연의 모습을 담았어요. 그가 그리는 꽃이나 곤충, 동물은 실물과 거의 똑같아서 주위 사람들을 놀라게 했지요.

그런데 레오나르도처럼 어린 소년이 이렇게 홀로 자연 속에 파묻혀 지내게 된 데는 이유가 있었어요. 바로 레오나르도가 사생아로 태

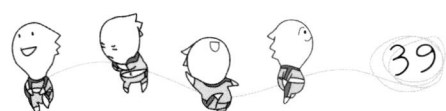

어났기 때문이에요.

　레오나르도의 아버지인 세르 피에로는 젊은 시절, 집안의 하녀로 일하고 있던 카타리나를 사랑하게 되었어요. 카타리나는 가난한 시골 농부의 딸이었지요. 하지만 시간이 지나면서 카타리나를 사랑하는 마음은 점점 식고 말았지요. 게다가 그 시대에는 신분이 다른 하녀와 결혼하기가 무척 힘들었어요.

　고민 끝에 피에로는 집을 나와 멀리 떠나 버렸어요. 피에로가 떠난 뒤 카타리나는 아이를 낳았는데, 그 아이가 바로 레오나르도였어요. 사생아를 낳게 된 카타리나는 더 이상 그곳에 머물지 못하고 시골로 내려가야 했어요. 레오나르도는 이렇게 아버지의 축복도 받지 못한 채 외롭게 태어나 어머니 품에서 자라게 되었지요.

　레오나르도가 한 살이 갓 넘었을 때, 카타리나에게 불행한 소식이 들려왔어요.

　"카타리나! 소식 들었어? 레오나르도의 아버지가 알비에라는 좋은 가문의 아가씨와 결혼한대!"

　"정말이야?"

　"내가 직접 들었다니까."

어린 시절부터 레오나르도는 언제나 종이와 연필을 들고 다녔어요. 자연 속에서 만나는 온갖 식물과 곤충의 모습을 그림으로 그렸어요.

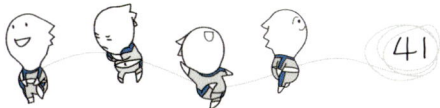

카타리나는 하늘이 무너질 듯 막막한 기분이 되었어요.

'아! 이 일을 어쩌면 좋아. 이제 피에로에게 영영 돌아갈 수도 없게 되었어!'

아직 어리고 가난했던 카타리나는 레오나르도를 혼자 키울 자신이 없었어요. 결국 카타리나는 레오나르도를 피에로에게 보내기로 결심했어요.

"피에로, 이 아이가 정말 네 아들이란 말이냐?"

피에로의 아버지 안토니오는 불같이 화를 내며 아들을 꾸짖었어요.

"이놈아! 이렇게 책임감 없이 결혼도 하지 않은 채 아이를 낳으면 어떻게 한단 말이냐!"

피에로는 고개를 푹 숙인 채 한숨을 내쉬며 아버지의 꾸중을 들었어요.

"죄송합니다, 아버지."

"어쨌든 일이 이렇게 되었으니 어쩔 수 없다. 이 아이를 받아들여 잘 키우도록 하자. 우선 이 아이를 여기서 키울 테니, 넌 제발 그 나쁜 행실부터 고치고 안정된 가정을 꾸리도록 해라."

"네, 알겠습니다."

이렇게 하여 레오나르도는 할아버지의 집에서 살게 되었어요.

레오나르도의 할아버지는 넓은 농토를 갖고 있는데다 하인을 부릴 만큼 넉넉한 부자였어요. 인자하고 너그러운 성품을 지닌 할아버지는 레오나르도를 따뜻하게 돌봐 주었어요. 그리고 레오나르도를 어느 누구보다도 아끼고 사랑한 사람은 삼촌인 프란체스코였어요.

프란체스코는 집안의 땅을 경작하며 농장 일을 했어요. 그는 언제나 새로운 작물을 실험해 보는 걸 좋아했지요. 과학자 같은 삼촌 덕분에 레오나르도는 자연을 관찰하는 법을 배울 수 있었답니다.

"삼촌! 이 벌레 좀 봐요."

"레오나르도, 난 지금 포도를 수확해야 해."

프란체스코는 바쁘게 손을 움직이면서도 어린 조카의 호기심 어린 눈을 외면할 수 없었어요.

"뭔데 그러니?"

"도마뱀과 벌레가 움직이는 모습이 너무 신기해요. 그리고 이 식물은 뭐예요?"

"그건 약초란다. 벌레에 물렸을 때 짓이겨 붙이면 독을 빼내 주는 식물이야."

"와! 정말요? 신기해요. 모두 스케치북에 그려 놓을 거예요."

레오나르도는 능숙한 솜씨로 도마뱀과 벌레, 그리고 각종 약초를 쓱쓱 그려 나갔어요. 그리고 삼촌이 일러 준 대로 그림마다 이름과 설명을 적어 넣었어요.

"네 호기심은 정말 못 말리겠다. 하하하."

프란체스코는 비범한 재주를 가진 레오나르도를 바라보며 호탕한 웃음을 지었어요.

레오나르도에게는 도마뱀도 개구리도 모두 탐구 대상이었어요.

　이렇게 레오나르도는 어렸을 때부터 늘 스케치북을 들고 다니며 아름다운 자연의 모습을 그리는 걸 좋아했어요. 이런 습관은 나중에 어른이 되어서도 계속되었어요. 훗날 레오나르도는 자신의 생각을 적고 그림을 그린 노트를 스물다섯 권이나 남겼지요. 그 노트에는 레오나르도가 어린 시절부터 가졌던 다양한 고민이 적혀 있었어요.
　이런 호기심은 레오나르도가 수학, 과학, 천문학 등 여러 분야에서 뛰어난 창의력을 발휘하는 데 밑바탕이 되었답니다.

눈을 떠라

자연을 사랑했던 레오나르도가 특히 관심을 가졌던 동물은 새였어요. 레오나르도는 언제나 언덕에 올라 높은 하늘을 향해 비상하는 새들을 보며 가슴이 벅차올랐어요.

'나에게도 저 새처럼 날개가 있다면 얼마나 좋을까! 사람은 저 새처럼 날 수 없을까? 새가 어떻게 하늘을 나는지 관찰하면 분명히 사람도 하늘을 나는 방법을 찾을 수 있을 거야.'

그렇게 생각하면서 레오나르도는 여러 새의 모습을 관찰하고 그렸어요. 날개의 움직임이라든지, 발의 모습이라든지, 바람의 방향에 따라 달라지는 새의 비행 장면을 말이에요.

그로부터 수십 년이 흐른 뒤, 실제로 레오나르도는 새의 비행 모습을 바탕으로 비행기를 설계했답니다. 레오나르도의 노트에는 그가 설계한 비행기 형태와 원리가 자세하게 그려져 있지요. 라이트 형제가 하늘을 날기 전이었으니, 그가 얼마나 시대를 앞서 나갔는지 알 수 있겠지요?

하지만 자연에 푹 빠져 들로 산으로 뛰어다니는 레오나르도를 바라보는 프란체스코의 마음은 편치 않았어요. 친구도 사귀지 않고 혼자 지내려고 하는 레오나르도가 안타깝게 여겨졌기 때문이에요.

프란체스코는 형 피에로에게 달려가 레오나르도에 대해 얘기했어요.

"형. 레오나르도는 아주 특별한 아이예요. 보통 아이들과는 달라요. 아주 영특하다고요."

"그래, 나도 알고 있어. 안 그래도 레오나르도를 앞으로 어떻게 가르쳐야 할지 고민하던 중이야."

"아버지가 가정교사를 두고 있긴 하지만, 그런 정도로는 어림도 없어요. 게다가……."

"게다가 뭐냐?"

"레오나르도가 외톨이로 지내는 게 걱정이에요."

프란체스코는 형에게 레오나르도에 대한 걱정을 털어놓았어요. 피에로는 고개를 끄덕였어요.

"사생아라는 신분이 앞으로도 계속 그 아이의 발목을 잡겠지. 하지만 나한테도 생각이 있어."

"무슨 생각인데요?"

"지금은 레오나르도가 마음껏 자연 속에서 생각하고 놀 수 있도록 놔두는 게 좋아. 그 애 솜씨는 나도 잘 알고 있어. 얼마 전에 흙으로 만든 조각상, 너도 봤지?"

"그럼요. 어린아이 솜씨라고는 믿을 수 없을 정도였어요. 더구나 진흙으로 만든 것이라고 믿기 힘들었죠."

"맞아. 네 말대로 레오나르도에게는 아주 특별한 재능이 있어. 난

"만약 이 기계에 색깔 있는 열매를 넣으면 어떻게 될까?"

어린 레오나르도는 모든 것이 궁금했어요.
올리브기름을 짜는 기계도 그냥 보아 넘길 수가 없었어요.
'이 기계에 다른 열매를 넣으면 어떻게 될까?
혹시 물감이 되지 않을까?' 그는 궁금하고 또 궁금했어요.

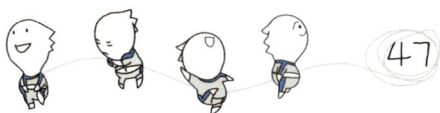

할아버지는 레오나르도의 뛰어난 관찰력과 그림 재능을 알아봤어요.
그리고 레오나르도에게 평생 잊지 못할 가르침을 전해 주요.
바로 '포 로키오', 즉 늘 눈을 뜨고 호기심을 잃지 말라는 당부였어요.

그 애가 좀 더 자라면 훌륭한 선생에게 보낼 작정이야."

안타깝게도 그 시대에는 신분에 따라 교육을 받을 수 있는 기회가 달랐어요. 레오나르도처럼 사생아로 태어난 아이들은 대학에 갈 자격이 없었지요. 의사와 같은 좋은 직업도 가질 수 없었어요.

피에로는 아들이 수학이나 과학에도 호기심이 남다르지만, 특히 예술 분야에 소질이 뛰어나다는 점을 눈여겨보았어요. 그 방면으로 아들의 재능을 키워 줄 생각이었지요.

프란체스코의 말처럼 레오나르도는 친구를 사귀려 하지 않았고, 혼자 지내는 걸 좋아했어요. 하지만 주변 사물이나 현상을 바라보는 시각은 어느 누구보다 독특하고 창의적이었어요. 레오나르도가 혼자 지내면서도 마음껏 자신의 재능을 발전시켜 나갈 수 있었던 데는 할아버지의 영향도 컸어요.

"레오나르도, 이리 오너라."

할아버지인 안토니오가 여느 때처럼 레오나르도를 불렀어요.

"네, 할아버지."

"지금 뭘 하고 있었지?"

"올리브기름 짜는 기계를 보러 가려던 참이었어요."

"그 기계는 저번에도 스케치한 것 같은데?"

"네. 하지만 이번엔 좀 다른 걸 생각해 보고 싶어서요."

"그게 뭐지?"

"그 기계가 올리브 열매를 비틀어서 기름을 짜내잖아요."

"그렇지. 열매를 갈고 비틀어 압축하는 기계지."

"그렇다면…… 색깔이 있는 열매를 그 기계에 넣으면 물감을 얻을 수 있지 않을까요?"

레오나르도의 말에 할아버지는 내심 깜짝 놀랐어요. 그는 자상한 미소를 지으며 레오나르도의 어깨에 손을 얹은 뒤 강한 어조로 말했어요.

"레오나르도, 지금 같은 호기심을 절대 잃지 말아야 한다. 포 로키오! 눈을 떠야 한다는 뜻이다. 알겠니?"

"……포 로키오."

"그래, 바로 그거야. 무엇을 보든 간에 있는 그대로만 보아서는 안 된다는 거야. 지금 네가 말한 것처럼, 새로운 눈으로 그 대상을 바라보려고 항상 노력해야 해."

"네, 알겠어요."

"포 로키오. 절대 잊지 말거라, 레오나르도."

할아버지의 다짐을 가슴속에 새긴 레오나르도는 더욱 열심히 사물을 관찰하면서 스케치를 계속해 나갔어요. 외로움이 커질수록 자연에서 만나는 동물들과 마음속으로 대화를 했지요. 레오나르도는 자연을 사랑했는데, 특히 동물을 너무나 사랑했어요.

어른이 되어서도 그의 동물 사랑은 계속되었어요. 길을 가다가 새를 팔고 있는 상인을 보면, 새를 모두 산 다음 새장 문을 열어 하늘로 날려 보냈다는 이야기는 지금까지도 유명한 일화로 전해지고 있답니다. 새들을 하늘로 자유롭게 돌려보내면서 레오나르도는 어떤 생각을 했을까요? 자신도 새처럼 날개를 달고 하늘로 훨훨 날아가는 꿈을 꾸지 않았을까요?

거울 필체

레오나르도가 교육을 받아야 할 시기가 다가오자, 피에로는 아들을 학교에 보냈어요. 정식 교육기관은 아니지만, 다양한 분야의 공부를 할 수 있는 학교였어요.

레오나르도는 미술 이외에도 음악이나 과학에 뛰어난 소질을 보였어요. 하지만 다른 과목들은 미술에 비해 빨리 싫증을 내는 편이었어요. 레오나르도는 그림을 그릴 때만큼은 누가 불러도 모를 만큼 집중력을 발휘했어요.

그러던 어느 날이었어요. 레오나르도를 가르치는 수학 선생님이 피에로를 찾아와 이렇게 물었어요.

"혹시 레오나르도가 왼손잡이라는 사실을 알고 있습니까?"

1512~1515년 사이 예순 살 무렵 레오나르도 다 빈치가 그린 자화상.

그 말에 피에로는 깜짝 놀랐어요.

"레오나르도가 왼손잡이라고요? 그럴 리가요. 내 앞에서는 한 번도 그런 모습을 보인 적이 없는 걸요."

"자, 그렇다면 이 시험지를 한번 보세요."

수학 선생님은 레오나르도의 시험지를 꺼내어 피에로에게 보여 주었어요. 시험지를 본 피에로는 다시 한 번 깜짝 놀랐어요.

"아니, 이게 뭐지? 문제를 모두 틀린 건가요? 낙서만 잔뜩 해 놓았네요."

"하하하. 그건 아닙니다. 옆에 있는 거울을 줘 보시겠습니까?"

피에로는 의아해 하며 거울을 건네주었어요. 선생님은 거울을 시험지에 비추며 다시 피에로에게 말했어요.

"거울 속으로 레오나르도가 쓴 답을 다시 보세요. 이건 낙서가 아닙니다. 답을 제대로 쓴 거예요. 하지만 왼손으로 쓴 거지요."

"이럴 수가! 그렇군요. 거울 속의 필체는 정상이에요."

"오른손잡이는 글씨를 왼쪽에서 오른쪽으로 쓰지만, 왼손잡이는 그 반대입니다."

"하지만 지금껏 왼손잡이처럼 행동한 적이 한 번도 없었습니다."

"네. 저도 처음엔 레오나르도가 장난을 치는 줄 알았습니다. 하지만 우연히 거울에 시험지를 비춰 보게 된 다음, 레오나르도의 뜻을 알아차렸지요. 레오나르도는 내가 그 사실을 알아낼 수 있을지 시험한 것입니다."

수학 선생님의 말처럼 레오나르도는 원래 왼손잡이였어요. 하지만 그 시대에는 왼손잡이를 못마땅하게 여겼기 때문에, 왼손잡이인 아이들도 모두 오른손잡이가 될 수 있도록 엄격하게 교육했어요.

레오나르도는 그런 사회 관습을 꼭 따르고 싶지 않았어요.

'사람들이 옳다고 믿는 것이 모두 옳지는 않아. 난 왼손으로 글을 쓰는 게 편해. 그런데 왜 억지로 그걸 바꿔야 하지? 그럴 필요 없어. 하지만 내가 왼손잡이라는 걸 알면 가족들이 분명히 나를 꾸짖을 거야.'

그렇게 생각한 레오나르도는 자신이 왼손잡이인 사실을 드러내지 않았어요. 하지만 왼손잡이의 성향을 바꿀 필요성도 느끼지 못했지요.

훗날 사람들은 그런 레오나르도의 필체를 '거울 필체'라고 불렀어요. 거울을 비춰야 읽을 수 있는 글씨였거든요. 레오나르도는 어른이 되어서도 오른쪽에서 왼쪽으로 글을 썼어요. 이 독특한 필체는 어린 시절부터 그가 정신적으로 독립된 인간이었음을 보여 주고 있답니다.

거울 필체는 그의 성격을 나타내 주는 하나의 예입니다. 그는 평생 동안 정해진 관습에 따라 기계적으로 움직이는 것을 무척 싫어했어요. 책을 많이 읽었지만, 책에서 배운 대로 하기보다 직접 경험하고 싶어 했지요. 그가 그림을 잘 그리게 된 것도 정식으로 미술 교육을 받았기 때문이 아니라 교회 같은 곳에서 직접 조각품이나 그림을 보았기 때문이었어요. 이런 독립성으로 인해 그는 정해진 틀에서 벗어나 새로운 것을 창조하고 발명하는 인물로 성장할 수 있었답니다.

PART 02

레오나르도 다 빈치의 청소년기

레오나르도는 르네상스의 중심지였던 피렌체로 이사를 해요.
그곳에서 새로운 환경과 사람들에게 눈을 뜨게 됩니다.
얼마 후에는 조각가 겸 화가로 유명했던 베로키오의 공방에서
견습생으로 생활합니다.
드디어 레오나르도가 정식으로 미술 교육을 받게 된 것이지요.
그와 동시에 많은 사람들을 만나면서
끝없는 지식으로의 탐구 여행을 합니다.
그가 진정한 예술가로 태어나기까지의 과정을 함께 살펴봐요.

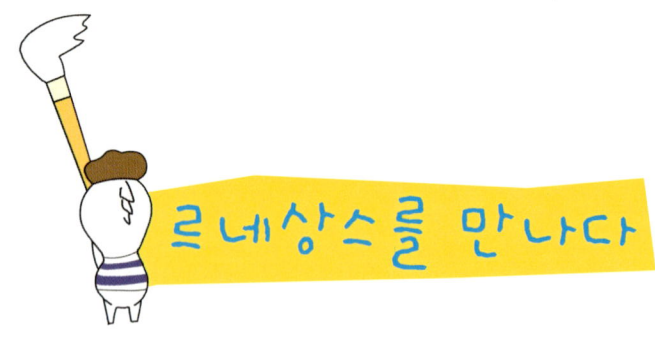
르네상스를 만나다

'레오나르도 다 빈치'라는 이름을 들으면 우리는 가장 먼저 '모나리자'나 '최후의 만찬'과 같은 미술품을 떠올립니다. 그는 세계적으로 널리 알려져 있는 화가니까요. 그런데 알고 보면 그는 화가이자 천문학자였고, 수학자였으며, 과학자였습니다.

이렇게 다양한 분야에서 자신의 능력을 발휘할 수 있었던 것은 그가 태어난 시기가 바로 르네상스 시대였기 때문이에요.

그가 태어나기 전 유럽은 중세 시대였어요. 중세 시대는 '암흑의 시대'라고 불릴 만큼 문화와 예술이 침체되어 있었어요. 페스트라는 무서운 질병이 유럽을 휩쓸어 사람들의 목숨을 앗아 가기도 했지요. 많은 사람들이 가난과 질병에 시달렸고, 끊임없이 전쟁이 일어났어요.

그러다가 시간이 지나면서 사람들이 점점 생각하는 방식을 바꾸고, 새로운 변화를 위해 노력하기 시작했어요. 중세 시대에서 르네상스 시대로 넘어가게 된 것이지요. 르네상스 시대에는 그 어느 때보다도 예술과 건축, 문학과 과학 등이 눈부시게 발전했어요. 레오나르도가 태어난 이탈리아는 르네상스의 중심지였답니다.

레오나르도가 르네상스 시대를 제대로 맞이하게 된 것은 열세 살

때였어요. 피에로는 가족과 함께 피렌체로 이사를 하게 되었어요. 피렌체는 10만 명이 넘는 사람들이 살고 있는 도시로, 레오나르도가 살던 빈치와는 비교조차 되지 않을 만큼 화려하고 북적거리는 대도시였어요.

빈치를 떠나 피렌체에 도착한 순간, 레오나르도는 그 자리에서 얼어붙은 듯 꼼짝할 수 없었어요.

'세상에! 저 화려한 교회와 광장 좀 봐. 저 분수대는 또 어떻고. 이건 내가 봐 왔던 세상이 아냐. 정말 끝내 주는 걸!'

레오나르도는 눈이 휘둥그레진 채 넋을 잃고 여기저기를 두리번거렸어요.

그런 레오나르도를 보며 피에로는 마음속으로 생각했어요.

'레오나르도, 이제 너의 재능을 제대로 펼칠 때가 왔다. 네가 그렇게 될 수 있도록 내가 힘을 써 주마.'

오래 전부터 피에로는 아들을 예술가로 키우겠다는 결심을 하고 있었어요. 그는 아들을 화가로 만들기 위해 피렌체 상공업 조합의 문하생으로 들어가게 할 계획이었어요. 그 당시에는 화가가 되려면 상공업 조합에서 수년간 수업을 받아야 했으니까요. 하지만 조합에 들어가려면 열네 살이 넘어야 했어요. 아직은 1년이란 시간이 남아 있었지요.

레오나르도는 피렌체에 도착한 이후 스케치북을 들고 다니며 정신없이 이곳저곳을 그렸어요. 예술의 최첨단을 달리고 있던 피렌체

작은 시골 마을 빈치에서 피렌체로 이사 온 레오나르도는
도시의 화려한 모습에 깜짝 놀라요.
피렌체의 여기저기를 돌아다니며 열심히 그림을 그려요.

는 레오나르도의 일생에 가장 큰 영향을 주었지요. 그의 그림을 본 사람들은 하나같이 칭찬하고 감탄했어요.

"세상에! 이게 열세 살짜리가 그린 그림이란 말이에요?"

"그러게요. 정말 대단해요. 굉장한 화가가 되겠어요."

사람들의 칭찬을 들으며 피에로는 아들의 진로에 대한 결심을 더욱 확고하게 굳혔어요.

레오나르도가 열네 살이 되자 피에로는 아들을 데리고 안드레아 델 베로키오를 찾아갔어요.

"베로키오, 이 그림을 좀 봐 주세요."

베로키오는 조각, 그림, 금속 세공은 물론 음악에도 조예가 깊은 예술가였어요. 레오나르도의 그림을 본 베로키오는 깜짝 놀라며 말했어요.

"이 그림을 정말로 이 아이가 그렸단 말입니까?"

"네. 제 아들의 그림입니다."

"너무나 놀랍습니다. 이토록 어린 소년이 어떻게 이처럼 섬세한 그림을 그려 낼 수 있단 말입니까? 대단한 관찰력을 가지고 있는데다 그림 솜씨도 뛰어납니다."

"정말 그렇게 생각하십니까? 사실 제 아들놈은 아주 어려서부터 종이와 연필을 손에서 뗀 적이 없습니다."

"물론 그랬을 겁니다. 그러지 않고선 이런 그림이 나올 수 없으니

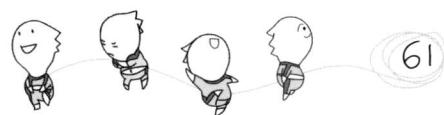

까요. 피에로 선생, 이 아이를 저에게 맡겨 주지 않겠습니까?"

피에로는 너무나 기뻐하며 베로키오의 제안을 기꺼이 받아들였어요. 레오나르도 역시 뛰어난 예술가에게 정식으로 교육을 받을 수 있다는 생각에 가슴이 뛰었어요.

"레오나르도, 내가 일하는 공방에 가 보겠니?"

"네, 가 보고 싶어요."

레오나르도는 베로키오를 따라 그의 작업장으로 갔어요. 그곳에는 그림과 조각품, 악기, 종, 바구니, 장식품 등 크고 작은 예술품이 빼곡하게 놓여 있었어요. 그 광경을 본 레오나르도는 뛸 듯이 기뻤어요.

레오나르도의 모습을 본 베로키오는 다정한 목소리로 말했어요.

"레오나르도, 넌 지금 내 밑에서 일하는 견습생들 중 가장 막내란다. 하지만 너의 재능을 보아하니 잔심부름부터 시작하지 않아도 될 것 같구나. 내일부터 정식으로 여기서 그림을 배워 보도록 해."

"정말 감사합니다. 감사합니다!"

이튿날부터 레오나르도는 난생처음으로 본격적인 그림 공부를 하게 되었어요. 베로키오의 공방에는 레오나르도보다 먼저 공부를 시작한 선배 견습생이 많았어요. 그들에 비해 레오나르도는 어수룩한 시골뜨기일 뿐이었지요.

'모두들 굉장하구나! 나도 열심히 배워서 선배들처럼 훌륭한 그림을 그리고야 말겠어.'

레오나르도는 두 주먹을 불끈 쥐고 시키는 일을 차근차근 해 나갔

피렌체 전경.
피렌체의 메디치 가문은 교회나 도서관 등
공공 건축에 아낌없이 지원했어요.
덕분에 피렌체는 화려한 건축물이 많아요.

베키오 다리는 피렌체에서 가장 오래된 다리로 유명해요.
1345년에 건설되었어요.

어요. 처음에는 모든 것이 낯설고 받아들이기 힘들었지만, 얼마 지나지 않아 익숙해졌지요.

그 당시 미술가의 역할은 요즘과 달랐어요. 그림이나 조각품 같은 순수한 예술품뿐만 아니라 실생활에서 사용하는 물건도 만들어야 했지요. 금을 녹여 그릇을 만들고, 도자기를 장식하고, 교회의 제단에 그림을 그리기도 했어요. 자신의 욕구나 개성을 표현하는 것보다 사람들에게 필요한 공예품을 만드는 것이 더 중요한 업무였지요.

하지만 이 모든 일이 레오나르도에게는 즐겁고 신기하기만 했어요. 그는 어느 누구보다도 열심히 일하면서, 틈틈이 그림을 그렸어요. 그런 열정적인 모습을 보며 베로키오 또한 있는 힘을 다해 그를 지도했답니다.

피렌체에서 드디어 화가의 길로 첫발을 내딛은 레오나르도는 놀라울 만큼 빠른 속도로 모든 일을 배워 나갔어요. 건축 설계나 전쟁 무기의 설계, 심지어 음악 공부까지 여러 분야를 공부했답니다. 훗날 세계의 거장인 미켈란젤로, 라파엘로 등과 만나 경쟁자이자 협력자로 예술가의 길을 걷게 되는, 첫 번째 발걸음을 내딛게 된 거예요.

베로키오의 공방

"레오나르도! 얼마 전에 부탁 받은 무대장치는 완성되었나?"
"네, 선생님."
"금세공은 어때? 내일까지 끝내야 하는데."
"그것도 끝냈어요. 지금은 메디치가에 보낼 결혼 예물함에 그림을 그리고 있어요."
"역시, 시키지 않아도 알아서 척척 하는군. 좋아, 레오나르도. 그렇게만 계속하면 된다고!"

베로키오는 흐뭇한 표정으로 레오나르도의 어깨를 두드렸어요. 처음에 레오나르도를 받아들였을 때처럼 베로키오는 변함없이 그를 신뢰했어요. 레오나르도의 실력은 조금도 후퇴하지 않았기 때문이었어요. 특히 그의 데생 실력은 베로키오의 마음을 흡족하게 했어요.

"그림의 기본은 데생이야. 붓과 물감을 쓰려고 안달하지 마라. 가장 단순한 선으로 자연의 힘을 나타낼 수 있어야 해."

이런 스승의 가르침에 레오나르도는 딱 맞는 제자였어요. 그 역시 훗날 스승이 되어 제자를 가르칠 때, 베로키오와 똑같이 강조하곤 했지요. 베로키오는 레오나르도의 존경을 받을 만큼, 당시 최고의 데생 실력을 가지고 있는 화가였으니까요.

베로키오는 제자들에게 해부도를 그리는 법도 가르쳤어요.

메디치 가문의 기반을 닦은 코시모 메디치의 동상.
메디치 가문은 은행업으로 돈을 벌어 예술에 투자했어요.
르네상스의 탄생과 발전에 큰 역할을 했지요.

"오늘은 작은 동물의 사체를 해부하고, 그 모습을 그리도록 한다."
 많은 견습생들이 얼굴을 찡그렸지만, 오히려 레오나르도는 왕성한 호기심이 발동했어요.
 '동물에겐 미안하지만, 정말 그 내부를 보고 싶어. 동물뿐만 아니라 사람의 몸속은 어떻게 생겼는지도 궁금한 걸.'
 이처럼 레오나르도는 탐구심이 강한 제자였어요. 그러니 동물 해부쯤은 레오나르도에게 아주 쉬운 일이었지요.

 베로키오의 공방이 레오나르도의 일생에 중요한 의미로 자리 잡은 것이 꼭 미술 교육 때문만은 아니었어요. 베로키오의 공방에는 다양한 분야의 전문가가 많이 찾아왔고, 그들을 만나면서 사회적 관계를 넓힐 수 있었던 것도 레오나르도에게 소중한 경험이 되었지요.
 다행히도 외톨이로 지냈던 어린 시절과 달리, 레오나르도는 사람들과 잘 어울리는 편이었어요. 예술과 문학을 사랑하는 젊은이들은 이 공방에 모여 포도주를 마시며 열띤 토론을 벌이고, 이야기를 나누며 밤을 지새우기도 했답니다.
 "이봐, 레오나르도! 연주곡 하나 들려주지 않을래?"
 "맞아. 레오나르도의 연주 솜씨는 정말 일품이지. 술맛이 절로 난다니까."
 친구들의 요구에 레오나르도는 악기를 손에 들었어요. 그는 노래도 잘 불렀고, 비올이나 류트 같은 악기도 무척 잘 다루어 사람들의 시선을 한눈에 받았답니다. 무엇보다 미술을 사랑하는 화가였지만, 파티도 즐길 줄 아는 멋진 청년이었지요.

한편으로 레오나르도는 혼자 있는 시간을 즐기기도 했어요. 생각에 잠겨 주변을 스케치하는 즐거움을 빼앗기기 싫었기 때문이에요. 틈나는 대로 그는 근처 언덕에 올라가 오랫동안 산책을 했어요. 물론 그의 손에는 변함없이 연필과 종이가 들려 있었지요.

'화가는 그리고자 하는 모든 것에 대해 어느 누구보다도 잘 알고 있어야 해. 그렇지 않으면 영혼이 빠진 그림이 될 뿐이야.'

레오나르도는 밝혀지지 않은 모든 것에 대한 호기심을 거두지 않았어요. 그것이 자신의 예술 세계를 더 깊게 만들어 줄 것이란 사실을 이미 알고 있었기 때문이에요.

피렌체에서는 수많은 축제가 벌어졌어요. 종교 축제나 결혼 기념 축제, 외국 인사 환영 축제 등 화려한 퍼레이드가 거리를 메웠답니다. 이런 행사에 필요한 무대장치나 설비, 기구들 모두 베로키오의 공방 같은 곳에서 만들었지요.

당시 피렌체에서 가장 막강한 권력을 잡고 있는 가문은 메디치가였어요. 베로키오의 공방에서는 메디치가에서 주문하는 대부분의 예술품을 만들어 냈어요. 깃발이나 복장, 가면, 갑옷, 마차 등이 베로키오의 공방에서 만들어졌지요. 그러다 보니 자연스럽게 레오나르도의 이름도 메디치 가문에 알려지게 되었지요.

"레오나르도, 메디치가에서 새로운 주문이 들어왔어. 밀라노에서 공작이 방문하는데, 그 공작에게 선물로 줄 투구와 갑옷을 제작해 달라는군."

"투구와 갑옷을 선물한다고요?"

"그래. 또 공작이 머물 방도 장식해 달라는군. 그 일 역시 네가 맡아 주면 좋겠어."

레오나르도는 고개를 끄덕였어요. 떠들썩한 축제와 화려한 파티가 계속되는 것이 마냥 마음에 들진 않았지만, 자기가 맡은 일만큼은 언제나 최선을 다해야겠다고 생각했지요. 베로키오는 적당히 사람들과 어울리면서도 묵묵히 자신의 일을 해내는 레오나르도를 보며 언제나처럼 미소를 지었어요.

그렇게 바쁘고 정신없이 세월이 흘렀어요. 시간이 지날수록 레오나르도는 멋진 청년으로 성장했어요. 공방에서 그의 솜씨는 이제 스승을 뛰어넘을 만큼 발전했지요. 공방의 친구들도 모두 레오나르도를 좋아했어요.

하지만 레오나르도가 새로운 출발을 결심해야 하는 날이 점점 다가오고 있었어요. 그만큼 새로운 세계에 대한 그의 욕망과 열정은 수그러들 줄 몰랐답니다.

새로운 유화 기법

"선배님, 템페라가 뭔가요?"

후배 견습생이 레오나르도에게 물었어요.

"템페라는 가루 물감과 섞어 그림을 그릴 수 있게 만드는 재료를 말해. 우리가 그리는 달걀 템페라는 달걀 노른자와 물감을 섞고 물로 희석한 다음 칠하는 거야."

"왜 달걀 노른자를 섞죠?"

"색칠한 즉시 마르는데다 단단하면서도 오래 지속되기 때문이지. 게다가 그림을 반짝거리게 하는 효과도 있어. 물론 처음 칠할 때보다 색이 조금 옅어진다는 단점은 있지만 말이야."

하지만 대답을 하는 레오나르도의 마음속에서는 여러 가지 의문이 용솟음치고 있었어요.

'꼭 달걀 노른자를 사용할 수밖에 없는 걸까? 신선한 달걀을 얻으려면 직접 닭을 키워야 하고, 공방에는 언제나 닭 깃털이 날아다니지. 게다가 달걀 냄새도 지독하고. 좋은 방법이 있을 텐데…….'

순간, 레오나르도의 머릿속에 어린 시절의 기억이 스쳐 지나갔어요. 바로 올리브기름을 짜던 기계였어요. 할아버지가 언제나 새로운 시선으로 눈을 떠야 한다며 외치던 '포 로키오'라는 말도 떠올랐어요.

'맞아, 바로 그거야! 겨자나 노간주나무 가루에 호두기름 같은 것

을 쓰면 어떻게 될까? 확실하진 않지만, 달걀 노른자보다는 나을 거야. 이미 네덜란드에서는 기름 물감이란 걸 쓰고 있다지 않은가! 좋아, 한번 해 보는 거야. 어떻게 하든 템페라보다 나으면 되는 거잖아.'

여기까지 생각이 미친 레오나르도는 즉시 실험에 착수했어요. 템페라를 사용하는 것은 옛날 방식이라고 여겨졌기 때문이에요.

이렇게 시대를 앞서 간 레오나르도는 결국 어느 누구보다 먼저 유화 기법을 받아들이게 되었어요. 그는 곧 유화의 풍부한 표현력에 깊이 빠져 들었어요.

'오, 세상에! 이 색을 좀 보라고. 달걀은 너무 빨리 마르는 바람에 그림자를 제대로 표현할 수 없었잖아. 그런데 이건 달라. 몇 겹으로 천천히 칠해도 되기 때문에 그림의 깊이를 살릴 수 있어. 바로 이거야!'

레오나르도는 미친 듯이 유화에 열중했어요. 그리고 물감을 몇 겹으로 어떻게 칠하느냐에 따라 그림이 여러 가지 빛깔을 지닐 수 있다는 걸 알게 되었지요.

이러한 노력은 훗날 그의 트레이드마크가 된 '스푸마토' 기법을 창조해 내기에 이르렀어요. 그는 그림의 윤곽선을 너무 분명하게 그리면 오히려 화면 전체의 조화를 망친다고 생각했어요. 때문에 인물이나 다른 소재의 윤곽선을 없애 주거나 아주 연하게 그렸지요. 그것이 바로 스푸마토예요. 스푸마토란 '연기처럼 사라진다'는 뜻이에

피렌체에 있는 한 성당의 주문을 받아
레오나르도가 스승인 베로키오와 함께 그린 '그리스도의 세례'.

요. 이 기법으로 화면에서 멀고 가까운 것 또는 공간의 느낌을 더 확실하게 표현할 수 있었기에, 그는 매우 섬세하고 부드러우면서도 깊이 있는 그림을 그릴 수 있었답니다.

이런 기법을 창조할 수 있었던 것은 레오나르도가 다른 사람들처럼 기존의 관습이나 전통에 머물러 있지 않았기 때문이에요. 물감의 재료나 물감을 섞는 방법에 따라 그림의 표현 기법이 달라지는 시대였기 때문에, 레오나르도의 노력은 더욱더 빛이 났어요.

어느 날 피렌체에 있는 한 성당에서 베로키오에게 그림을 주문했어요. 그리스도가 세례를 받는 장면을 그려 달라는 것이었어요. 한 작품을 여럿이 그려야 하는 공동 작업이었지요.

베로키오는 예수와 두 천사 중 오른쪽 천사를 그리기로 했고, 레오나르도는 왼쪽 천사와 베로키오가 그린 천사의 뒷배경을 그리기로 했어요.

레오나르도는 부드럽고 세밀한 붓놀림으로 천사를 섬세하게 그려냈어요. 그리고 자신이 갈고 닦은 유화 기법으로 스승이 그린 천사의 뒷배경을 그렸지요. 그가 익힌 유화 기법이 '그리스도의 세례'라는 작품에서 완벽하게 발휘된 거예요.

며칠 뒤, 드디어 그림이 완성되었어요. 레오나르도가 그린 천사의 모습을 본 베로키오는 깜짝 놀랐어요.

'이 천사는 내가 그린 것보다 훨씬 더 생생하고 아름다워. 꼭 살아

있는 어린아이 같지 않은가!'

베로키오는 탄식이 섞인 한숨을 내쉬었어요.

"레오나르도, 지금까지 수많은 화가가 그린 천사들을 보았지만, 이렇게 부드럽고 생명력이 느껴지는 그림을 나는 한 번도 보지 못했다! 이제 더 이상 내가 너에게 가르칠 것이 없구나."

"스승님, 그게 무슨 말씀이세요! 전 아직도 멀었습니다."

하지만 베로키오는 마음속으로 생각했어요.

'이 아이는 머지않아 나를 훨씬 뛰어넘을 것이다. 이 아이는 천재야. 난 도저히 이 아이를 이길 수 없어. 아, 레오나르도. 너를 누구보다 아끼지만, 너에게 진정 질투가 나는구나.'

베로키오는 훌쩍 성장한 제자를 바라보며 다시 한 번 한숨을 내쉬었어요. 아직 스승에게서 독립할 엄두를 내지 못하고 있는 레오나르도와 달리, 베로키오는 새로운 결심을 하게 된 순간이었지요.

PART 03

레오나르도 다 빈치의 청년기

스무 살이 되면서 정식 화가로 인정받은 레오나르도는
본격적으로 자신의 재능을 펼쳐 가요.
스푸마토라는 새로운 유화 기법도 더욱 발전시켜 나가지요.
또한 미술뿐 아니라 과학과 수학, 천문학, 음악 등에도
큰 관심을 갖기 시작하면서
종합예술가로서의 면모를 갖추어 갑니다.
하지만 이 시기에 견디기 힘든 시련도 찾아오지요.
이 시기의 레오나르도는 고통의 시간을 어떻게 이겨 냈을까요?

둥근 방패의 그림

레오나르도가 공방에서 일에 열중하고 있던 어느 날이었어요. 갑자기 아버지 피에로가 레오나르도를 찾아왔어요.

"레오나르도, 잘 있었니?"

"아버지! 어쩐 일이세요? 여기까지 직접 오시고요."

"네게 부탁할 게 있어. 이걸 좀 보렴."

레오나르도는 아버지가 내미는 물건을 받아 들었어요. 그것은 아무런 장식도 없는 방패였어요.

"이건 나무 방패잖아요."

"그래. 내 친구가 이 방패를 장식해 달라고 부탁해서 너에게 맡기려고 이렇게 가지고 왔다. 해 줄 수 있겠니?"

"네. 잘할 수 있을지는 모르겠지만…… 한번 해 볼게요."

"너무 간곡히 부탁해서 차마 거절하기 힘들더구나. 아무튼 너만 믿으마."

그러고는 며칠 후에 다시 오겠다며 아버지는 공방을 나갔어요. 레오나르도는 탁자 위에 놓인 나무 방패를 가만히 쳐다보며 생각에 잠겼어요.

'둥글고 나뭇결도 비틀어진 방패로군. 우선 표면을 매끈하게 만들어야겠어.'

2009년에 발견된 레오나르도의 초기 인물화.
'르네상스 의상 차림의 젊은 여인'이라는 제목의 인물화로
색분필과 펜, 잉크 등으로 그려졌어요.
탄소 연대 측정과 적외선 분석, 그리고 그림 상단에 찍힌
지문 자국을 분석한 결과 레오나르도의 그림이라는 의견이 모아졌어요.

1513~1516년에 레오나르도가 그린 '세례자 요한'. 그가 해부학 등에 몰두할 즈음 그린 작품으로, 중성적 존재인 천사의 모습을 표현하고 있어요.

　레오나르도는 방패를 불에 달군 다음 목재 다듬는 사람을 불러 방패의 표면을 매끈하게 만들었어요. 그리고 석고를 골고루 입힌 다음 밑그림을 그렸지요. 그는, 방패는 무기를 막아 내야 하므로 무섭고 위협적인 그림이 어울리겠다고 생각했어요.

　그날부터 레오나르도는 도마뱀, 박쥐, 메뚜기, 뱀, 귀뚜라미 같은 곤충과 동물을 수집했어요. 그 수집품을 여러 조각으로 잘라 낸 다음

서로 섞어 다른 부위를 연결했어요. 그런 식으로 여러 번 조합한 그는 마침내 가장 위협적이고 무서운 괴물의 형상을 만들어 낼 수 있었지요.

그는 그것을 세워 놓은 뒤 방패에 그림을 그렸어요. 입에서 독을 내뿜고, 눈에서 불길이 치솟으며, 콧구멍에서 연기가 나오는 무시무시한 괴물이었어요.

작품이 완성되자 레오나르도는 아버지에게 소식을 전했어요. 피에로는 한달음에 공방으로 달려왔어요. 하지만 공방의 문을 여는 순간, 피에로는 소리를 지르고 말았어요.

"으악! 이게 뭐냐. 이…… 이건 괴물 아니냐?"

"아버지, 진정하세요. 이건 제가 그린 그림이에요."

"뭐라고? 살아 있는 게 아니라고?"

피에로는 두근거리는 가슴을 누르며 그림 앞으로 다가갔어요. 그의 눈앞에는 세상에서 가장 위협적인 방패가 놓여 있었어요.

"세상에, 레오나르도! 정말 대단하구나. 난 정말 살아 있는 줄 알고 깜짝 놀랐다. 네 솜씨는 정말 혀를 내두를 정도야. 대단하다, 대단해."

피에로는 아들이 새롭게 창조해 낸 방패의 그림을 보며 흐뭇한 표정으로 크게 칭찬했어요. 레오나르도 역시 아버지가 기뻐하는 모습을 보면서 무척 흡족해 했답니다.

집으로 돌아간 피에로는 그 방패를 친구에게 건네주었을까요? 아

들의 작품이 너무나 아깝다고 여긴 나머지, 피에로는 친구에게 다른 방패를 구해서 주었다고 해요. 시간이 지나 그 나무 방패가 비싼 값에 팔렸다고 하니, 레오나르도의 그림 실력이 얼마나 대단했는지 알 수 있겠지요?

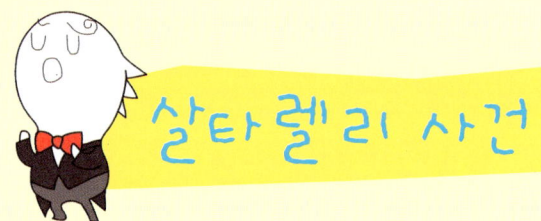

살타렐리 사건

1472년, 스무 살이 된 레오나르도는 드디어 견습생 생활을 끝내게 되었어요. 피렌체 상공업 조합의 정식 회원이 되면서 화가로 당당하게 생활할 수 있게 된 거예요.

화가가 된 레오나르도는 시민 신분이 되었기 때문에, 자신만의 공방을 차릴 수도 있었어요. 하지만 그는 베로키오의 공방에서 좀 더 기술을 배우기로 했어요. 보통 견습생들보다 훨씬 오랫동안 베로키오의 조수로 머물렀지요.

하지만 예전처럼 베로키오가 시키는 일만 하지는 않았어요. 피렌체를 지배하고 있던 메디치가를 마음대로 드나들 만큼 자유롭게 생활할 수 있었지요. 메디치가는 이탈리아에서 가장 큰 권력과 부를 갖고 있었어요. 때문에 수많은 예술가를 거느리고 있었지요. 레오나르도의 정교하고 치밀한 그림 기법을 메디치 가문의 사람들도 무척 좋아했답니다.

하지만 잘나가는 줄만 알았던 젊고 멋진 청년에게도 시련이 닥쳤어요. 스물네 살이 되던 해에 레오나르도가 감옥에 갇히는 사건이 터진 거예요.

"베로키오 선생님! 큰일 났어요. 큰일 났다고요!"
한 견습생이 공방으로 뛰어 들어오며 다급하게 소리쳤어요.
"아니, 무슨 일인데 그렇게 호들갑이냐?"
"레오나르도가, 레오나르도가 체포되었어요."
"뭐라고? 그럴 리가. 레오나르도가 대체 무슨 죄를 지었다는 거야?"
"누가 진실의 통에 레오나르도를 고발하는 투서를 넣었대요."
"그게 무슨 말이야. 레오나르도는 아무런 죄도 없다고!"
"그가 자코포 살타렐리와 동성연애를 하고 있다고 누가 고발을 했다지 뭐예요."
그 견습생의 말처럼 그 시각, 레오나르도는 야간 관리국 사람들에게 체포되어 끌려가고 있었어요.
"진실의 통이라고? 그게 대체 뭔데?"
다른 견습생이 물었어요. 숨을 헐떡이던 견습생이 의자에 털썩 주저앉아 이야기를 계속했어요.
"불법 행위나 부도덕한 행동을 한 사람을 고발하려면 이름을 밝히지 않고 진술서를 써서 그 통에 넣기만 하면 된대요. 그러면 야간 관리국에서 사람이 나와 그 투서에서 지목한 사람을 조사하는 거예요."

"아니, 증거도 없는데 사람을 잡아넣는단 말이야?"

"네. 누구든 고발을 할 수 있고, 고발을 당하면 무조건 조사를 받는 거죠."

"그런 불공평한 일이 어디 있어?"

"그러게 말예요. 하지만 지금 뻔히 우리 눈앞에서 벌어지고 있잖아요."

"레오나르도를 질투하는 사람이 일부러 고발을 한 게 뻔해."

"그렇다는 증거가 없잖아요."

"맞아. 그렇다고 레오나르도가 죄를 지었다는 증거도 없어."

"레오나르도는 괜찮을까? 한 번도 그런 일을 당한 적이 없어서 지금 무척 당황스럽겠군. 하지만 법정에서 무죄가 밝혀질 때까지 우리가 할 수 있는 일은 없어."

공방의 견습생들과 베로키오는 이런저런 얘기를 주고받으며 깊은 한숨을 내쉬었어요.

같은 시각, 체포되어 끌려가는 레오나르도는 손을 벌벌 떨며 두근거리는 가슴을 진정시키느라 애쓰고 있었어요. 레오나르도는 갑자기 체포된 사실보다, 자기 때문에 곤란에 처할지도 모르는 아버지가 더 걱정되었어요.

"자유를 잃는다는 건 너무나 끔찍해."

견습생 생활을 마치고 정식 화가가 되었지만 레오나르도에게는 시련이 닥쳐요.
억울한 누명을 뒤집어쓰고 감옥에 갇혔다가 가까스로 풀려나요.

'아버지는 이제 막 공증 사무소를 차렸어. 그런데 나 때문에 모든 게 물거품이 될지도 몰라. 무엇보다 신뢰가 중요한 사업인데…… 내가 체포되었다는 사실이 알려지면 사람들이 더 이상 아버지를 찾지 않겠지. 아, 이를 어쩌면 좋지…….'

레오나르도는 두려움에 몸을 떨었어요. 하지만 무죄가 밝혀질 때까지 감옥에서 지내야 했어요.

'여기서 실패한 인생으로 끝날 수는 없어. 그럼 아버지 앞에서 어떻게 얼굴을 든단 말인가!'

감옥에서 레오나르도는 몸을 뒤척이며 좀체 잠을 잘 수 없었어요.

레오나르도가 유죄인지 무죄인지를 판결하는 공청회는 몇 달이나 계속되었어요. 결국 마지막 판결에서 레오나르도는 무죄로 밝혀진답니다.

처벌을 받지는 않았지만, 레오나르도에게 이 사건은 무척 큰 상처를 주었어요. 자라면서 이렇게 공개 망신을 당한 경우가 처음이었기 때문이에요.

다른 한편으로는 짧은 시간이었지만 감옥에서 생활한 경험 때문에 괴롭기도 했어요. 훗날 그는 자신의 감옥 생활을 떠올리며 "자유를 잃느니, 차라리 죽는 것이 낫다"고 얘기했지요.

나중에 그는 탈옥용 기계를 발명하기도 했어요. 감옥 안에서 문을 열 수 있는 신기한 장치였지요. 그가 남겨 놓은 데생을 보면, 다리가 세 개 달린 튼튼한 지지대에 감옥 문을 열 수 있는 집게가 달린 장치였어요. 또 감옥 창문의 쇠창살을 뜯어내는 그림도 남겨 놓았어요.
발명을 시작한 초기 단계에 가장 먼저 고안한 것이 바로 이 탈옥 장치들이었으니, 감옥에서 보낸 시간이 그에게 얼마나 고통스러웠는지 짐작할 수 있겠죠?

체포 사건 이후 레오나르도는 평소보다 더욱 절도 있게 생활하고 신중하려고 노력했어요. 그리고 몇 년이 지나 스승으로부터 독립하여 자신만의 공방을 차리면서 독자적인 생활을 하게 되었답니다. 레오나르도 다 빈치의 화가로서의 삶이 본격적으로 시작된 거예요.

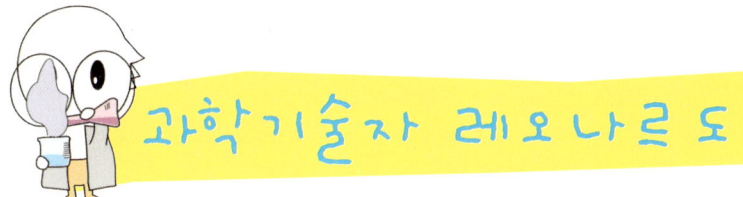

과학기술자 레오나르도

1477년, 레오나르도는 피렌체에 자신의 작업실을 열었어요. 이제 자기 힘으로 사람들에게 주문을 받아 일하게 된 거예요. 주위 사람들은 재능이 많은 레오나르도가 금세 부자가 될 거라고 생각했어요.
하지만 레오나르도는 하루 종일 그림에만 매달려 있지 않았어요. 왜냐하면 기계를 설계하거나, 도시계획을 세우거나, 악기를 다루거나, 승마를 하는 등 다른 일에도 너무나 관심이 많았기 때문이에요.

레오나르도가 태어난 빈치에는 '레오나르도 다 빈치 박물관'이 있어요.
사진은 레오나르도가 생각해서 스케치했던
물 위를 걷는 기계를 실제로 만들어 본 모습이에요.

레오나르도는 베로키오의 공방에서 공부한 화가들 중에서 가장 인기 있고 매력적인 신사였어요. 유머 감각도 풍부하고 똑똑했지요. 세상의 모든 이치에 대해 엄청난 호기심을 가지고 있었기 때문에 한 가지에만 몰두하기가 힘들었어요.

그런 이유로 그는 종종 자신이 맡은 일을 제대로 끝내지 못했어요. 독립한 지 1년이 지나 처음으로 교회에 그림 그리는 일을 단독으로 맡았지만, 겨우 밑그림만 그리고 그만두었지요.

그 후에도 피렌체에 있는 한 수도원으로부터 제단화인 '동방박사의 경배'를 그려 달라는 주문을 받았지만, 이것 역시 완성하지 못했답니다.

"초상화를 그리고 싶은데, 어떤 화가에게 의뢰하는 게 좋을까요?"
"아, 초상화라면 레오나르도에게 맡기세요. 실력이 워낙 뛰어나니까요."
"레오나르도 다 빈치요? 그 사람은, 그림은 잘 그리지만 통 약속을 지키지 않는다더군요. 게다가 어딘지 모르게 즉흥적이고 불안해 보인다는 소문까지……."
"그래요? 하지만 레오나르도보다 더 잘 그리는 사람을 찾기가 그리 쉽진 않을 거예요."

사람들의 대화는 주로 이런 식이었어요. 사람들은 레오나르도의 재능을 인정하면서도, 한 가지 일에 몰두하지 못하는 그의 성격을 잘 이해하지 못했답니다.

레오나르도는 사람들의 시선을 의식하지 않았어요. 오히려 그는 시간이 지날수록 자기 자신에게 더 많은 질문을 던져야 했지요.

'무거운 물건을 잘 들어 올리는 방법이 없을까? 꼭 사람들이 힘을 쓰지 않아도 될 거야. 짐을 들어 올리는 기계를 설계해 봐야지.'

'농사를 지을 때마다 물을 길어 나르는 건 너무 미련한 짓이야. 수로를 파고 물을 끌어 올리는 기계를 만든다면 간단하게 해결될 거야.'

이런 호기심이 고개를 들 때마다 레오나르도는 노트를 펼쳐 자신의 생각을 기록했어요. 때로는 자신의 상상을 실현시켜 줄 수 있는 기계를 고안하고 스케치했어요. 그는 연구에 연구를 거듭하며, 그림을 그리고 생각의 폭을 넓혀 나갔답니다.

화창한 햇볕이 내리쬐는 어느 날, 여느 때처럼 레오나르도는 스케치북과 연필을 들고 광장으로 나갔어요.

'오늘은 뭘 그릴까. 건축물, 벌레, 구름? 아냐. 무기나 기계를 그려도 재미있을 거야. 지금까지 내가 그려 보지 못한 것을 찾아야 해. 난 이 세상의 모든 것을 그려 보고 싶어.'

그런 생각을 하며 레오나르도는 조그만 우물가에 자리를 잡고 앉아 무언가를 골똘히 생각했어요.

바로 그때, 한 아가씨가 우물로 다가왔어요. 그리고 천천히 물을 긷더니, 들고 온 양동이에 옮겨 부었어요.

레오나르도는 훌륭한 화가에 만족하지 않았어요.
자신의 작업실을 연 이후에는 아예 자신의 상상을
실현시킬 기계를 구상하는 데 힘을 쏟았어요.

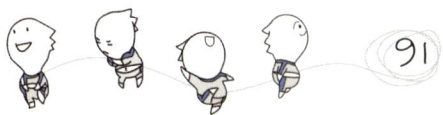

'어? 저것 좀 봐! 양동이에 쏟아지는 저 물의 흐름! 바로 저거야!'

순간 레오나르도는 눈을 빛내며 재빠르게 스케치해 나갔어요. 이어 레오나르도의 머릿속에 한 가지 기억이 스쳐 지나갔어요. 아주 어렸을 때의 일이었지요.

'빈치에 살고 있을 때 폭풍우가 몰려와 홍수가 난 적이 있었어. 맞아. 바람을 맞으며 서 있기가 불가능할 정도로 엄청난 폭풍우였지. 그때 난 물의 힘이 그 무엇보다도 무섭다는 걸 느꼈어. 마을은 홍수로 거의 대부분 쓸려가 버렸지.'

레오나르도는 자신의 스케치북에 이렇게 써 내려갔어요.

'아무도 성난 물을 이길 수는 없다.'

그리고 또 이런 말도 썼어요.

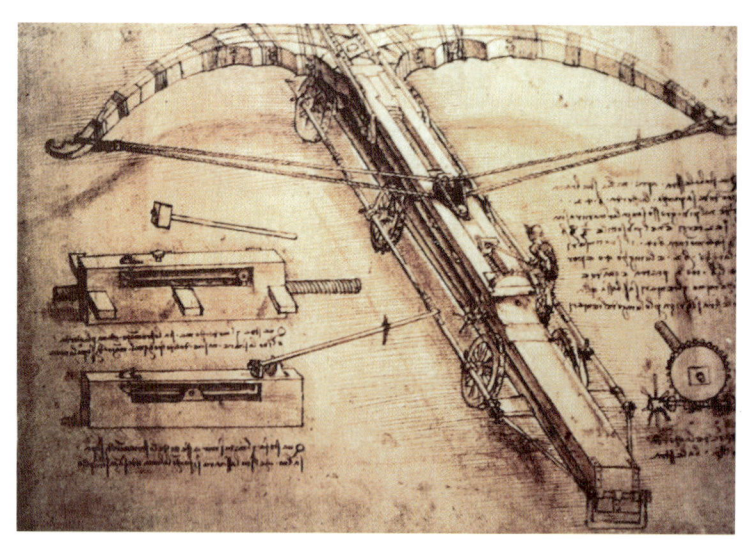

레오나르도가 스케치한 거대한 활.

'물이 떨어질 때 뒤따라오는 물은 그 경사가 매번 다르다. 그 형태를 잘 연구할 것.'

'물에 대해 다루려면 먼저 경험을 떠올릴 것. 그런 다음에 이성적으로 사고할 것.'

이튿날, 한 친구가 레오나르도의 공방에 놀러 왔다가 우연히 그가 써 놓은 글을 보게 되었어요. 친구는 웃으며 말했어요.

"레오나르도, 물이 흐르는 건 자연의 섭리야. 우리는 절대 폭풍우나 홍수를 막을 수 없어. 그건 모두 하늘의 뜻이니까."

하지만 레오나르도는 고개를 절레절레 저었어요.

"그렇지 않아. 물은 분명히 일정한 성질을 가지고 있어. 물에 가해지는 힘에 따라 떨어지는 각도나 방향이 달라질 수 있는 것처럼 말이야."

"그래, 네 말이 맞다고 치자. 그렇다고 물에 대해 그렇게까지 깊이 생각하는 게 무슨 의미가 있지? 아무런 도움도 되지 않는 걸. 네 그림에도 말이야."

"물의 성질을 알면 물을 통제할 수 있어. 그럼 우리는 폭풍우나 홍수에 대비할 수 있고, 지금보다 좀 더 효율적으로 물을 사용할 수 있어."

"네가 무슨 말을 하는지 도통 알아들을 수가 없군. 이럴 때 보면 넌 화가가 아니라 꼭 과학자나 마법사 같다니까. 허허허."

그 순간, 레오나르도가 갑자기 자리에서 벌떡 일어나며 친구에게

말했어요.

"나에게 방금 기발한 아이디어가 떠올랐어. 잘 가. 난 가 볼 데가 있어서 이만……."

레오나르도는 자신을 부르는 친구를 뒤로한 채 밖으로 뛰어나왔어요. 그리고 메디치 도서관으로 달려갔어요. 그곳에는 그의 생각을 더욱 풍부하게 만들어 줄 책이 가득했기 때문이에요.

한 가지 사물에 빠져 들면, 레오나르도는 그것에 대해 완전히 알 때까지 집중하며 연구를 거듭했어요. 무엇이든 시작하면 스스로 만족할 때까지 몰입했던 거예요.

그의 상상력은 머릿속에만 머물지 않았어요. 자신의 생각을 기술로 완성시킬 수 있는 방법에 대해서도 늘 고민했답니다. 물에 대해 고민하던 시기에는 물을 끌어 올리는 기계와 수압 장치, 물을 운송하는 기계, 물의 힘으로 움직이는 자명종 시계 등을 고안했지요. 심지어 잠수함이나 스노클, 땅 속의 물을 길어 올리는 기계, 공기 중의 습기를 측정하는 장치까지 스케치했답니다.

"레오나르도, 넌 단순한 미술가가 아냐. 발명과 설계의 천재야."

평소에 레오나르도를 아끼는 친구가 말했어요.

"하지만 난 더 이상 설계에만 매달릴 수 없게 되었어."

"아니, 그게 무슨 말이야?"

"돈이 다 떨어졌어. 돈이 되는 일을 하지 못한 탓이지. 게다가 말이야……."

"아니, 무슨 일 있어? 네 안색이 창백하잖아."

"교황이 로마에 새로 짓는 시스티나 성당을 꾸밀 최고의 예술가들을 보내 달라고 연락해 왔어. 물론 난 당연히 스승님이 나를 추천해 줄 거라고 믿고 꿈에 부풀어 있었지. 난 로마 같은 대도시를 구경하고 싶어. 얼마나 멋진 일이야!"

"그런 일이라면 당연히 네가 가야지."

"이유는 모르겠지만…… 난 빠졌어. 나를 두고 떠나 버렸어. 보티첼리와 기를란다요, 페루지노가 스승님과 함께 로마로 갔어. 난 이제 외톨이 신세야."

레오나르도는 상심한 듯 고개를 푹 숙였어요. 그리고 결심했어요.

'이제 피렌체를 떠날 때가 된 거야. 더 이상 망설일 필요가 없어. 나는 감옥에 갇히는 사건으로 명예를 잃었고, 큰 작품을 제대로 끝내지 못해 신뢰감도 잃었어. 새롭게 시작해야 해.'

레오나르도는 자신의 인생에 새로운 변화를 주기로 했어요. 그래서 당장 짐을 싼 뒤, 피렌체를 떠나 북쪽으로 약 300킬로미터 떨어진 밀라노를 향해 길을 떠났답니다.

레오나르도 다 빈치의 성년·노년기

피렌체를 떠나 밀라노에 정착한 레오나르도는
최고의 대우를 받으며 화가로 명성을 떨칩니다.
'암굴의 성모', '최후의 만찬', '모나리자'와 같은 걸작도 탄생하지요.
그와 더불어 다양한 분야에서 끊임없는 연구가 계속되었고
훗날 사람들에게 중요한 자료가 되는 수기 노트로 남겨집니다.
세상에서 가장 훌륭한 예술가로 추앙 받게 되기까지
그가 지나온 치열했던 삶의 현장 속으로 여행을 떠나 봐요.

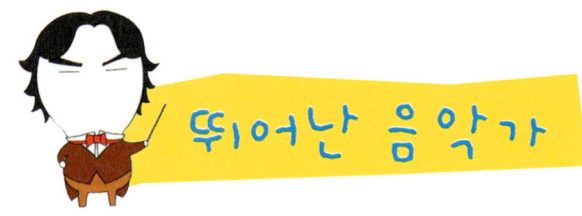
뛰어난 음악가

"아탈란테, 이대로 더 가다간 우리 둘 다 길에서 얼어 죽고 말 거야. 여인숙에 들렀다 가야겠어."

밀라노를 향해 길을 떠난 레오나르도가 함께 가고 있는 친구에게 말했어요.

"나도 그러자고 할 참이었어. 온몸이 덜덜 떨려. 여인숙에 가서 몸을 녹이면서 너의 멋진 하프 연주를 듣고 싶어."

"그게 무슨 소리야. 음악가는 내가 아니라 너라고!"

"겸손해 할 필요 없어. 네 연주 실력은 피렌체에서도 잘 알려진 사실이잖아."

"다른 걸 다 떠나, 음악을 연주할 때면 내 영혼이 가장 편안하게 쉬고 있다는 기분이 들어."

"레오나르도, 너의 연주와 노래는 정말 최고라니까! 게다가 작곡도 하고 말이야. 어때, 밀라노에 도착하면 아예 음악가로 나서 보는 건?"

"무슨 소리. 난 당장 돈이 필요해. 그래야만 내가 원하는 걸 계속 연구할 수 있을 테니까. 난 스포르차 공작에게 일자리를 달라고 할 참이야. 공작에게 보낼 편지 내용도 대강 생각해 두었어. 여인숙에 가면 보여 줄 테니, 네 생각을 말해 줘."

"어서 가자. 난 그저 너의 하프 연주를 듣고 싶을 뿐이야."

얼마 가지 않아 여인숙을 발견한 두 사람은 방을 얻은 다음 식사를 하고 몸을 녹였어요.

"레오나르도, 네가 가지고 온 하프 좀 꺼내 봐."

레오나르도는 빙긋 웃으며 짐 꾸러미에서 하프를 꺼냈어요. 레오나르도가 직접 만든 그 하프는 말의 해골 모양으로, 은을 사용해 만든 아주 특별한 악기였지요.

레오나르도는 조용히 하프를 연주하기 시작했어요. 그의 연주는 우아하면서도 사람의 가슴을 울리는 무언가를 담고 있었어요. 시간 가는 줄도 모르고 연주에 열중하던 레오나르도가 눈을 뜨자 여인숙에 머물고 있는 사람들이 그를 둘러싼 채 환호를 보내고 있었답니다.

레오나르도의 음악적 재능은 음악가 친구가 인정할 정도로 뛰어났어요. 그의 음악적 재능은 그림이나 건축과도 밀접한 관계가 있었지요. 당시의 예술가들은 뛰어난 건축 기술과 음악과 미술이 동떨어져 있지 않다고 생각했어요. 베로키오의 공방에서도 미술 교육과 함께 음악, 건축에 대한 지식도 간간이 가르쳤지요. 음악적 재능을 타고난 레오나르도 역시 데생을 배우면서 악기를 능수능란하게 연주하는 방법을 습득한 거예요.

레오나르도는 뛰어난 화가이자 음악가였지만, 그 자신이 중요하게 생각한 목표는 기술자이자 건축가가 되는 것이었어요. 그렇게만 되면 자연을 연구하기 위한 자유 시간을 충분히 가질 수 있을 거라고 여겼지요.

레오나르도는 자신의 목표를 이루려면 좀 더 많은 시간과 경제적 지원이 필요하다고 판단했어요. 여인숙에 머물면서 레오나르도는 밀라노에서 가장 막강한 권력을 가지고 있다는 스포르차 공작에게 편지를 썼어요.

친애하는 스포르차 공작님.

저는 전쟁에 필요한 무기를 얼마든지 만들 수 있습니다. 전쟁 도구를 발명한 사람들의 보고서도 많이 보았지만, 그것은 결코 제가 생각하고 있는 도구들만큼 특별하지 않았습니다.

저는 적의 공격에도 쉽게 파괴되지 않는 다리를 제작할 수 있습니다. 또 운반하기 쉬운 대포를 설계할 수 있습니다. 원하는 곳까지 갈 수 있는 지하 터널과 비밀 통로를 만들 수 있습니다. 선박과 무기를 실은 차, 그 밖에 다른 전쟁 도구들도 만들 수 있습니다. 물론 공작님께서 원하시는, 아버님을 위한 거대한 청동 기마상도 만들 수 있습니다. 그림도 다른 사람들만큼은 그릴 수 있습니다.

저는 지극히 겸손한 태도로 제 자신을 공작님께 추천합니다.

레오나르도 다 빈치

레오나르도의 예감은 바로 들어맞았어요. 밀라노에 도착한 레오

다방면에 뛰어난 인물을 '르네상스인'이라고 불러요.
그림, 발명, 건축은 물론이고 악기 연주에도 뛰어났던 레오나르도야말로
진정한 의미의 르네상스인이에요.

나르도는 얼마 지나지 않아 스포르차 공작의 부름을 받았어요. 레오나르도는 자신이 직접 만든 하프를 가지고 공작에게 갔어요.

"오, 자네가 레오나르도로군. 그런데 괴상하게 생긴 그 악기는 무엇이오?"

"네, 이건 제가 직접 만든 하프입니다. 연주를 해도 될까요?"

"젊은 친구가 재능이 아주 많군. 좋소, 일단 한번 감상해 봅시다."

레오나르도는 자신의 실력을 최대한 발휘해 멋지게 하프를 연주했어요. 그곳에 모인 사람들은 레오나르도의 연주에 모두 깜짝 놀랐어요. 게다가 즉흥적으로 읊은 시는 여느 시인의 것보다 훨씬 더 아름답고 감동적이었지요. 레오나르도는 단번에 밀라노 사람들의 마음을 사로잡았답니다.

어린 시절부터 레오나르도는 진정한 예술가가 되려면 무엇이든 다 알고 해낼 수 있어야 한다고 생각했어요. 자신이 그리는 대상에 대해 어느 누구보다 잘 알고 있어야 한다고 생각했고요. 그는 어느 한 분야에서 배운 것은 다른 분야를 아는 데도 도움을 준다고 확신했어요. 때문에 레오나르도는 더 나은 화가이자 음악가이자 건축가가 될 수 있었던 거예요. 그런 열정과 노력이 드디어 레오나르도의 앞날을 환하게 밝혀 주기 시작했답니다.

레오나르도의 노트

피렌체에서와 달리, 밀라노에서 레오나르도는 극진한 대접을 받았어요. 레오나르도를 보며 사람들은 환호했지요.

"이 시대의 진정한 예술가인 레오나르도가 우리 도시에 왔다!"

"레오나르도가 우리 도시에 머물게 된 건 밀라노의 영광이다."

레오나르도는 그동안 자신이 설계한 지렛대, 기중기, 그리고 다양한 전쟁 무기의 설계도를 스포르차 공작에게 내놓았어요. 공작은 즉시 레오나르도가 설계한 무기를 만들게 했답니다.

레오나르도는 훌륭한 기하학자였어요. 그는 수학에도 남다른 재능이 있었지요. 이런 모든 재능을 발휘하면서 조각가의 면모를 합쳐 대포 같은 무기 구조에 적용한 거예요.

레오나르도의 재능과 능력은 그가 직접 써서 남긴 노트를 보면 잘 나타나 있어요. 그 당시에는 그의 노트가 사람들에게 큰 가치가 있지는 않았을 거예요. 하지만 오늘날 그의 노트는 세상에서 가장 귀중한 유물 중 하나가 되었답니다.

레오나르도의 노트는 지금 우리가 알고 있는 노트 형태가 아니에요. 대부분 낱장으로 된 쪽지이고, 크기도 모양도 제각각입니다. 하지만 그 엄청난 분량의 쪽지에는 레오나르도가 고안한 기계와 장치

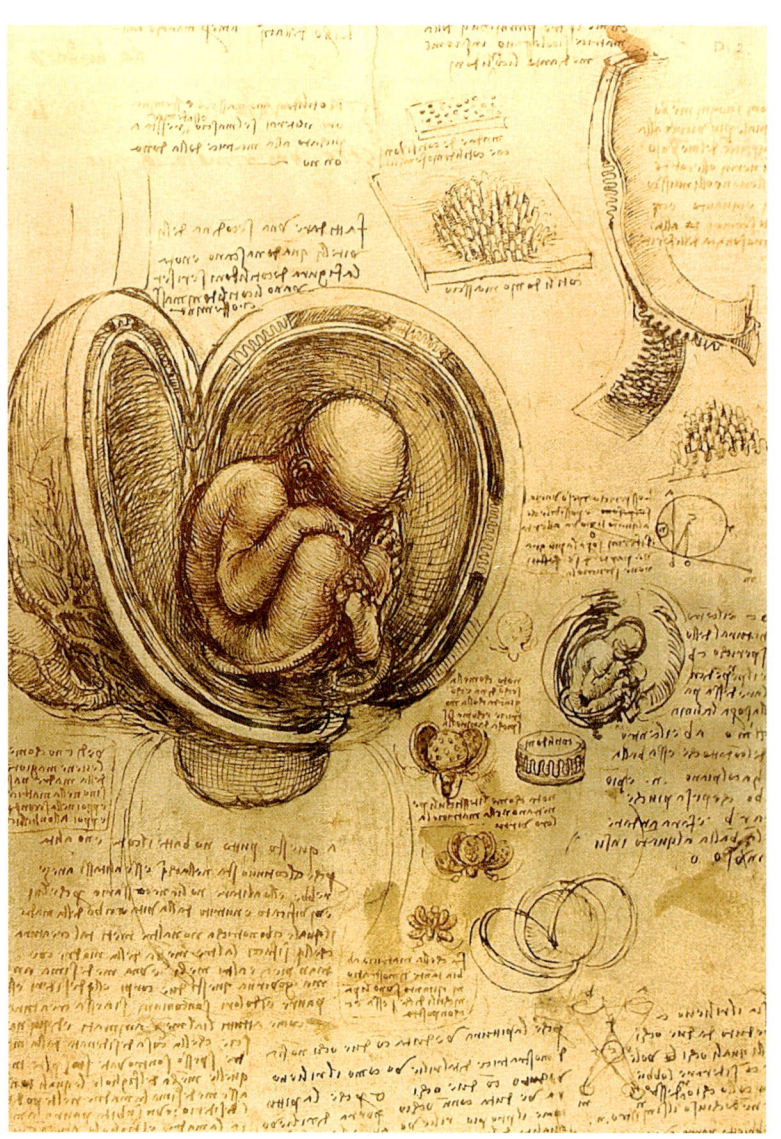

레오나르도는 자신이 생각하고 연구한 것을 노트에 그림과 글로 남겨요.
지금도 그의 노트를 보면 믿기지 않을 만큼 선구적인 생각들로 가득해요.
재미나게도 노트의 글은 남이 읽을 수 없도록 거울 필체로 썼어요.

부터 레오나르도의 철학까지, 거의 모든 것이 담겨 있어요.

한 가지 재미있는 것은 노트에 쓰인 그의 글씨체입니다. 레오나르도가 어린 시절부터 거울에 비추면 제대로 읽을 수 있는 '거울 필체'를 썼다고 했지요? 마찬가지로 레오나르도는 자신의 노트를 다른 사람들이 읽기 어렵도록 거울 필체로 기록했어요. 그가 쓴 깨알 같은 글을 읽으려면 거울에 비춰 보거나, 방향과 모양을 뒤집어 읽어야 한답니다.

그 이유는 여러 가지가 있겠지만, 가장 큰 이유는 다른 사람들이 자신의 아이디어를 훔쳐 가지 못하도록 하기 위해서였어요. 그는 자신이 생각해 낸 멋진 결과물을 누가 가로챌까 봐 늘 불안해 했답니다.

레오나르도의 노트를 본 사람들은 하나같이 감탄사를 내뱉습니다. 그 당시 사람의 것이라고 믿기지 않을 만큼 세련된 그림과 엄청난 지식의 깊이와 양에 놀라기 때문이지요. 그의 글은 정확하고, 유머가 있으며, 때론 시적이지요. 데생 실력이 최고였던 만큼 노트에 실린 그림 또한 찬사를 받을 수밖에 없고요.

쪽지는 대부분 그림과 글로 빼곡하게 채워져 있습니다. 비행의 신비, 태양과 달과 별의 관계, 화석의 형성 과정…… 어쩌면 인간이 살아가면서 가질 수 있는 호기심 중 거의 전부를 이 노트에 담아 놓았다고 말해도 지나치지 않을 정도예요.

가장 놀라운 사실은 레오나르도가 노트에 기록한 모든 정황이 매

우 과학적이라는 것이에요. 레오나르도는 비현실적이고 불가능한 상상 속에서 헤매는 예술가가 아니었어요. 그 누구보다도 논리적이고 이성적이었으며, 과학적 방법으로 문제를 해결해 나갔지요.

고집쟁이 해부학자

"오늘은 교수형이 집행되는 곳에 나가 볼 생각이야. 그렇게 알고 있으라고."

레오나르도가 밀라노에 자리를 잡으면서 가르치기 시작한 견습생들을 향해 그렇게 말했어요.

"스승님, 왜 굳이 교수형에 처해지는 사람들의 고통스러운 모습을 직접 보려고 하시는지요?"

"저도 궁금합니다, 스승님."

제자들이 앞 다투어 레오나르도에게 물었어요. 레오나르도는 고개를 끄덕이며 혼잣말로 중얼거렸어요.

"난 이제 인간의 겉모습을 그리는 데 만족하지 못해. 인간의 몸속에서 어떤 일이 벌어지고 있는지 궁금하다고."

레오나르도는 바로 교수형이 처해지는 궁정으로 발걸음을 옮겼어요. 그날은 반역죄로 감옥에 갇혀 있던 사람이 처벌을 받는 날이었지요. 다른 사람들에게는 끔찍한 장면이었지만, 레오나르도는 인간이 죽음의 순간에 느끼는 고통과 내면이 궁금했던 거예요.

레오나르도가 사람의 몸에 관심을 갖게 된 이유는 또 있었어요. 그 당시에는 많은 사람들이 의사의 진단보다 점성술을 믿고 있었어요. 예를 들면 천체가 어떤 모양으로 움직이느냐에 따라 질병을 낫게 할 수도 있고, 병에 걸릴 수도 있다는 식이었죠. 사람들은 자신의 몸속에 있는 장기들이 어떤 역할을 하고, 어떤 경우에 어떤 문제를 일으키는지 알지 못했고, 관심도 없었지요.

하지만 레오나르도는 궁금했어요. 특히 사생아로 태어난 자신이 어머니의 뱃속에 있을 때는 어떤 모습이었는지 너무나 궁금했어요. 레오나르도는 태어나서 죽을 때까지 인간의 몸이 어떻게 움직이고 반응하는지 정리하고 싶었던 거예요.

그러려면 인간의 겉모습과 행동을 연구하는 것만으로는 턱없이 부족했어요. 레오나르도는 인간의 몸을 본격적으로 해부해 보겠다고 결심했지요.

자정이 지난 어두운 밤이었어요. 궁정의 지하 창고에서 희미한 촛불이 타오르고 있었어요. 그때 누군가가 살금살금 지하 창고로 내려와 탁자 위에 놓인 시체 곁으로 다가갔어요. 그는 바로 레오나르도였지요.

　레오나르도는 조심스럽게 시체를 덮고 있는 천을 걷어 냈어요. 그러자 시체 썩는 냄새가 지하 창고 안에 가득 찼어요.

　"으, 정말 냄새가 지독하군. 지난번엔 해부할 때 시간을 너무 끄는 바람에 기절까지 했으니, 이번에는 빨리 끝내야겠어. 시체를 썩지 않게 하는 방법이 있으면 참 좋을 텐데 말이야."

　그렇게 중얼거리며 레오나르도는 해부를 시작했어요. 그 당시에는 시체를 냉동시킬 수도 없었고, 방부제도 없었기 때문에 시체가 빨리 썩을 수밖에 없었지요.

　레오나르도는 자신이 직접 만든 수술용 칼로 배를 가른 다음 능숙한 솜씨로 사람의 몸속을 관찰했어요.

　"오늘은 심장이 어떻게 생겼는지 제대로 봐야 해. 예전에 백 살 된 노인의 심장을 봤을 때가 기억나는군. 그 노인의 심장으로 이어지는 핏줄은 딱딱하게 굳어 있었지. 아, 하지만 이 사람은 그렇지 않아. 그 노인은 병이 있었던 게 분명해."

　레오나르도는 흥분에 찬 어조로 중얼거리며 스케치북에 심장의 모습을 재빨리 그렸어요. 예전에 레오나르도가 해부한 노인은 동맥이 단단하게 굳는 동맥경화증이었는데, 당시에 그런 사실을 알기란 거의 불가능했어요. 레오나르도가 노인을 해부한 다음 처음으로 그것을 밝혀낸 거예요.

　레오나르도는 자신이 해부를 하면서 보았던 심장의 여러 가지 상

인간이란 어떤 존재인지 궁금해. 태어남과 죽음까지 모든 것이…

레오나르도는 인간의 몸에도 관심이 많았어요. 직접 해부를 하며 인체를 관찰했어요.

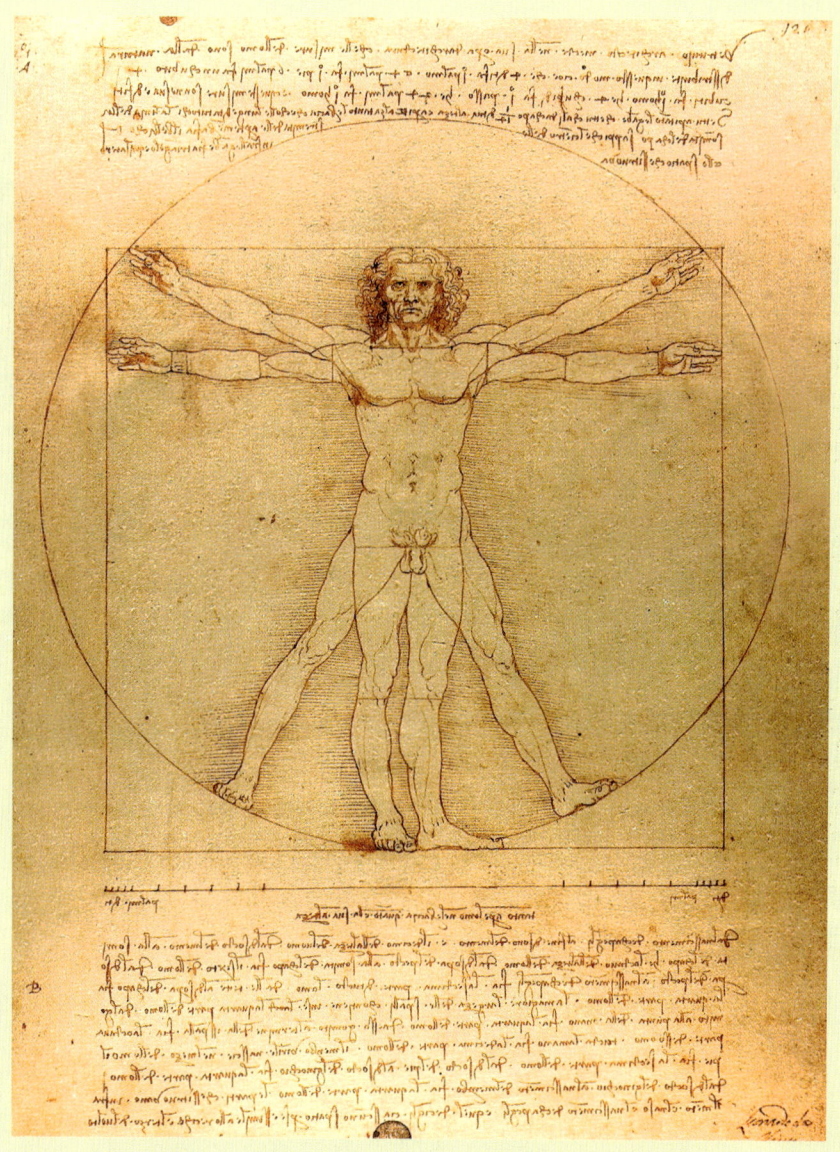

해부를 통해 레오나르도가 알게 된 사실들은 오늘날에도 중요한 자료로 여겨진답니다.
사진은 '비트루비우스의 인체 비례'라 불리는 데생으로, 인체 비율이 아주 자세히 기록되어 있어요.

태를 정리하여 그림으로 그렸어요. 그리고 그 차이점을 상세하게 써 내려갔답니다.

"해부학은 정말 대단한 학문이야! 이제야 난 사람에 대해 완벽하게 알게 되었어. 사람의 장기, 뼈, 근육의 움직임을 알게 되었다고."

이런 노력 덕분에 그의 인물상은 다른 화가의 인물상과 크게 달랐어요. 레오나르도가 그린 인물상은 사실적이면서도 굉장히 다양한 포즈를 취하고 있지요. 그것은 레오나르도가 해부를 하여 인간의 몸 속까지 샅샅이 알게 되었기 때문이에요.

레오나르도는 자신의 해부학 연구를 약 1,500장이나 되는 종이에 입체적으로 그려 기록으로 남겼어요.

사람들은 레오나르도를 '화가 철학자'라고 부르기도 했어요. 해부학에 빠져 들었지만, 그 기록은 모두 사실적이면서도 치밀한 데생으로 이루어졌기 때문이에요. 자신이 묘사하려는 사물에 대한 깊이 있는 지식을 바탕으로 데생을 해낼 수 있는 화가는 그렇게 많지 않았답니다.

해부학 분야에서 오늘날까지도 중요한 자료가 되고 있는 것은 바로 '인간 형상'에 대한 연구랍니다. 인체 비율에 관한 레오나르도의 습작은 전 세계에서 가장 유명한 데생 중 하나예요. '비트루비우스의 인체 비례'라고 불리는 이 작품은 커다란 종이에 펜과 잉크로 그린

데생인데, 팔꿈치에서 손목까지의 길이나 팔꿈치에서 겨드랑이까지의 길이 등이 아주 자세한 비율로 적혀 있어요. 레오나르도의 대표작을 꼽을 때 항상 빠지지 않는 작품이지요.

양팔을 벌리고 몸의 완벽한 균형과 조화를 자랑하는 이 작품은 그가 대자연의 조화를 얼마나 깊이 이해하고 있는 철학자였는지를 확실하게 보여 주고 있답니다.

작은 악마, 자코모

밀라노에 정착한 레오나르도는 피렌체에서와 달리 부유하게 생활했어요. 또한 자신이 가장 하고 싶어 하는 일을 하게 되었는데, 바로 스포르차 공작의 기술자 겸 건축가가 된 것이었지요.

스포르차 공작은 레오나르도가 마음껏 연구할 수 있도록 많은 돈을 주었어요. 레오나르도는 작업실을 열어 학생들을 가르치는 한편, 자신이 좋아하는 책을 마음껏 사서 읽을 수 있었어요.

이 무렵 레오나르도는 '자코모'라는 열 살짜리 소년을 입양하게 되었어요. 자코모는 천사처럼 순수하고 귀여운 얼굴이었지만, 어찌나 장난이 심한지 작은 악마라는 뜻의 '살라이'라는 별명으로 불렸

자코모는 레오나르도가
입양한 소년이에요.
장난이 심한 자코모를
그는 정성껏 보살폈어요.

지요. 주위 사람들은 모두 혀를 내두르며 레오나르도에게 물었어요.

"레오나르도, 대체 저런 악동을 왜 입양한 거죠?"

"살라이는 당신들이 생각하는 것처럼 나쁜 아이가 아닙니다."

"하지만 입만 떼면 거짓말하고, 남의 물건을 잘 훔치잖아요. 게다가 책임감도 없고 무례하기까지 해요."

"겉으로 보기엔 그럴지도 몰라요. 하지만 이 세상 사람들이 모두 다 윤리적이고 착한가요? 차라리 솔직한 살라이가 더 인간적이에요. 살라이는 입바른 소리를 잘하지요. 그리고 즐겁고 행복하게 살고 있어요. 비록 어린아이지만 말입니다."

그렇게 레오나르도는 살라이를 감싸 주었어요.

레오나르도가 작은 악마와 같은 살라이를 입양해 30년 동안이나 함께 살아갈 수 있었던 것은 이런 생각 때문이었어요. 진지하게만 살아온 레오나르도에게 살라이는 신선한 자극을 주는 아이였어요. 그는 천방지축인 살라이에게서 삶의 활기를 느꼈어요.

레오나르도가 남긴 기록에도 살라이는 작은 악마처럼 나쁜 짓을 많이 저질렀다고 해요.

'살라이는 다루기 힘든 녀석이다. 그 녀석이 지갑에서 돈을 훔쳤다.'

'살라이와 저녁을 먹으러 갔다. 그런데 살라이는 두 사람 몫의 음식을 먹고, 네 사람 몫의 말썽을 피웠다. 테이블에 놓인 병 세 개를 깼고, 와인 잔을 넘어뜨렸다.'

그럼에도 불구하고 레오나르도는 살라이에게 무척 잘해 주었어요. 어쩌면 외로웠던 어린 시절 자신의 모습을 살라이에게서 발견했기 때문인지도 몰라요.

살라이를 입양한 후로 아주 오랫동안, 살라이는 레오나르도와 함께 생활했어요. 레오나르도는 살라이를 화가로 키웠어요. 살라이는 레오나르도의 아들이자 제자이며, 모델이자 평생의 동반자였답니다.

최후의 만찬

밀라노에서 레오나르도는 최고의 전성기를 누리고 있었어요. 하지만 예술에 대한 열정과 고집 또한 점점 강해졌어요. 어떤 경우에도 그는 자신의 그림에 대해 고집을 굽히지 않았어요.

레오나르도의 몇 안 되는 작품 중 하나인 '암굴의 성모'를 그릴 때도 마찬가지였어요. 수도사들은 레오나르도에게 성모 마리아를 그려 달라고 의뢰하면서 여러 장의 계약서를 내밀었어요. 그 계약서에는 그림을 어떻게 그려야 하고, 어떤 재료를 사용하고, 무슨 색으로 마리아를 칠해 달라는 등 주문 내용이 상세하게 적혀 있었어요. 레오나르도는 그 계약서를 건성으로 읽은 다음 사인을 했고, 그 후로 몇 달 동안 작업실에 파묻혀 그림을 그렸어요.

드디어 작품이 완성되었고, 사람들이 레오나르도의 그림을 보기 위해 모여들었어요.

"자, 제가 그린 그림을 보여 드리겠습니다. '암굴의 성모'입니다."

레오나르도는 그림을 덮어 놓은 천을 벗겼어요.

"와, 정말 대단하다!"

사람들은 너무 놀라 입을 다물지 못했어요. 레오나르도의 작품은 모든 사람들의 심금을 울릴 만큼 아름답고 완벽했어요.

하지만 일을 맡긴 수도사 중 한 사람은 레오나르도의 건방진 태도가 마음에 들지 않아 핀잔을 주었어요.

"이봐요. 이건 계약서 내용과 다르잖소. 성모 마리아의 옷은 금색으로 번쩍번쩍 빛나게 그려 달라고 하지 않았소!"

레오나르도는 상대방을 꿰뚫어 보는 눈빛으로 말했어요.

"끔찍한 소리 마시오. 성모 마리아가 어떤 분이오? 우리 인간들처럼 통속적인 사람이 아닙니다. 신의 어머니입니다. 그런 분이 그렇게 요란한 금색 옷을 걸쳤겠습니까? 그런 옷을 걸치지 않아도 있는 그대로 빛을 내는 분이 바로 성모 마리아입니다."

사람들은 마음속으로 경탄하며 고개를 끄덕였어요. 하지만 수도사도 쉽게 물러서지 않았어요.

"천사도 많이 그려 달라고 했는데, 왜 이렇게 적습니까!"

"화폭에 인물을 너무 많이 그리면 그림이 균형감을 잃습니다. 여기 있는 천사만으로도 충분합니다. 그림을 보세요. 이 배경에 천사들이 꾸역꾸역 있다면 그림이 살아나겠습니까?"

사람들은 모두 박수를 보내며 레오나르도의 말에 공감했어요. 그의 설명 이상으로 그 작품은 너무나 아름답고 매력적이었으니까요.

레오나르도의 명성은 점점 멀리 퍼져 나갔어요. 어느 날 한 수도원장이 레오나르도를 찾아왔어요.

"나는 그라치에 성당의 수도원장 반델루오입니다. 당신에게 작품을 의뢰하고 싶습니다."

"어떤 작품 말입니까?"

"선생님께서 우리 성당의 식당 벽에 '최후의 만찬'을 그려 주었으면 합니다."

"예수 그리스도가 십자가에 못 박혀 죽음을 당하기 전날 밤에 마지막 식사를 하던 모습 말입니까?"

"네, 그렇습니다."

레오나르도는 기꺼이 수락했어요. 그림을 그려야 할 곳은 가로 9미터, 세로 4미터의 커다란 벽면이었지만 레오나르도는 조금도 두렵지 않았어요. 레오나르도는 즉시 데생과 스케치를 시작했어요.

일은 일사천리로 진행되었어요. 그런데 한 가지 문제가 생겼어요. 아무리 스케치를 거듭해도 예수의 얼굴과, 예수를 배반한 유다의 모습이 떠오르질 않는 거예요. 먹지도, 마시지도 않고 며칠씩 그림에 열중하던 레오나르도는 큰 괴로움에 빠졌어요.

레오나르도가 고민에 빠져 있는 사이, 어느덧 2년이 흘러갔어요. 수도원의 수도사들은 레오나르도가 일을 끝내지 못하고 질질 끈다며 불만의 목소리를 터뜨렸어요. 아무리 기다려도 그림이 마무리되지 않자 수도원장은 이르 모로 공작을 찾아갔어요.

"공작님, 레오나르도가 게으름을 피우며 그림을 완성하지 않고 있습니다. 공작님께서 레오나르도에게 따끔하게 충고를 해 주셨으면 합니다."

공작은 수도원장의 말을 듣고 나서 레오나르도를 찾아갔어요.

"레오나르도, 자네는 왜 돈을 받고도 그림을 완성하지 않는 건가? 매일 게으름을 피우고 있다고 들었는데, 그 이유가 대체 뭔가?"

공작은 레오나르도의 명성을 익히 들어 그가 얼마나 대단한 화가인지 알고 있었어요. 하지만 수도원장의 부탁도 거절하기 힘들었지요.

"공작님, 그건 오해입니다. 제가 아무 일도 하지 않는 것처럼 보일지 모릅니다. 하지만 제 머릿속은 잠을 자나 깨어 있으나 그림 생각뿐입니다. 제 고민에 대한 해답은 어느 누구도 줄 수 없습니다."

"자네의 고민이 대체 뭔데 그러는 건가?"

"생각해 보십시오. 예수는 신입니다. 공작님이나 수도원장님은 신의 얼굴을 상상해 본 적이 있습니까?"

공작과 수도원장은 서로의 얼굴을 쳐다보았지만, 아무 말도 못했

레오나르도 다 빈치의 대표작인 '최후의 만찬'.
예수 그리스도가 십자가에 못 박혀 죽기 전날 밤에
제자들과 함께 마지막으로 식사하는 모습을 그렸어요.

여러 해가 흘렀지만 레오나르도는 '최후의 만찬'을 완성하지 못해요. 예수 그리스도와, 그를 배반한 유다의 모습을 완벽하게 재현하기 위해 고민하고 또 고민했기 때문이랍니다.

괴롭구나! 예수 그리스도와 유다의 얼굴이 떠오르지 않다니….

어요.

"그리스도의 얼굴은 완벽해야 합니다. 사람의 얼굴에서는 도저히 그런 모습을 찾을 수가 없지요. 이건 오로지 저의 상상 속에서 나와야 합니다. 저 거대한 그림에 예수 그리스도의 얼굴이 들어간다고 생각해 보세요. 이건 아무렇게나 그려서 될 일이 아닙니다."

레오나르도의 설명을 들은 공작과 수도원장은 부끄러움을 느꼈어요. 레오나르도는 계속 이야기했어요.

"유다의 얼굴도 그렇습니다. 유다는 신을 배반한 인물입니다. 하지만 신을 배반한다는 것은 세상의 그 무엇보다도 힘든 일입니다. 예수의 무한한 은혜를 입었음에도 불구하고 배반할 수밖에 없는 유다의 고뇌를 그림에 담아야 합니다. 저는 이 두 사람의 얼굴을 그리기 위해 매일 고통 속에서 지내고 있습니다."

레오나르도의 당당한 태도에 공작은 크게 웃으며 말했어요.

"역시 자네는 최고의 예술가로군. 훌륭하오. 자네 말에 나는 전적으로 공감하네. 수도원장, 어서 이 친구에게 사과하시오."

수도원장은 얼굴을 붉히며 레오나르도에게 사과했어요. 그 후로는 더 이상 레오나르도를 귀찮게 하지 않았답니다.

그로부터 1년이 지난 어느 날, 드디어 그림이 완성되었어요. 세상 사람들을 깜짝 놀라게 만든 불후의 명작이 탄생한 거예요.

그림을 본 사람들은 숨이 멎을 듯한 감동으로 자리를 뜰 줄 몰랐

어요.

'최후의 만찬' 속에 등장하는 인물들은 하나같이 살아 있는 사람처럼 생동감이 넘쳤어요. 각각의 얼굴에는 그들이 지녔을 법한 모든 감정이 담겨 있었지요. 그림을 본 수도원장은 레오나르도 앞에 무릎을 꿇고 말했어요.

"아, 위대한 예술가시여! 당신을 몰라본 저를 용서해 주세요. 이건 최고의 작품입니다. 나는 살아생전 다시는 이런 작품을 만날 수 없을 것입니다."

'최후의 만찬'은 가로 880센티미터, 세로 460센티미터의 대작이에요. 레오나르도 다 빈치의 대표작이지요. 이 그림을 보려고 찾아온 다른 나라의 왕이 그림을 가져가고 싶다고 탐낼 정도로 대단한 작품이었어요. 이르 모로 공작은 레오나르도의 공을 높이 인정하여 밀라노 교회에 있는 포도원을 상으로 내려 주었답니다.

그림 이외에도 레오나르도는 다른 분야의 연구를 게을리 하지 않았어요.

"어떤 장애도 나를 결코 꺾을 수 없다. 별을 뚫어져라 바라보는 사람은 절대로 자신의 마음을 바꾸지 않는다."

레오나르도는 그렇게 말하며, 연구를 계속하겠다는 의지를 불태웠지요. 그는 수학, 과학과 더불어 지리학이나 새로운 동식물에 관한 내용까지 새로운 분야의 지식을 계속 쌓아 나갔어요. 눈의 노안 현상에 대해 알아내면서 요즘 사용하는 콘택트렌즈와 같은 물건을 상상하기도 했지요. 마흔 살에 라틴어 공부를 시작하면서까지 닥치는 대로 책을 읽고 연구에 연구를 거듭했지요.

하지만 급변하는 현실은 레오나르도의 생활을 가만히 내버려두지 않았어요. 프랑스인이 밀라노를 침공하며 전쟁을 일으킨 거예요. 그 바람에 레오나르도를 후원해 주던 사람들이 모두 몰락하고 말았어요. 밀라노에 온 지 18년째, 레오나르도는 자신이 가장 아끼는 살라이를 데리고 친구와 함께 밀라노를 떠나게 되었답니다.

비상을 꿈꾸다

레오나르도는 그동안 자신이 기록해 온 노트를 몽땅 노새에 싣고 여기저기를 여행했어요. 로마와 만토바를 거쳐 베네치아로, 그리고 다시 피렌체로 돌아갔어요. 처음 미술을 시작했던 곳으로 되돌아간 거예요.

레오나르도는 무척 지쳐 있었어요. 그동안 많은 일을 했지만, 아직도 배우고 알아내야 할 것이 너무나 많이 남아 있었지요.

'내가 하고 싶은 것만 하면서 살았다면 지금처럼 허무하진 않았을 텐데! 더 늦기 전에 내가 해 보고 싶은 연구를 하자.'

레오나르도가 어린 시절부터 품어 온 꿈이 있었어요.
바로 하늘을 나는 것이었지요.
그는 새들을 관찰하며 비행 장치를 구상하곤 했어요.
사진은 레오나르도가 상상했던 비행 장치를 실제로 만들어 본 모습.

생각을 거듭하던 레오나르도는 어린 시절부터 꼭 해 보고 싶었던 연구에 착수했어요. 그것은 바로 하늘을 나는 것이었어요.

'새가 하늘을 날 수 있는 건 날개가 있기 때문이야. 사람도 날개가 있으면 얼마든지 하늘을 날 수 있을 거야.'

레오나르도는 솔개, 비둘기, 박쥐 등 새가 나는 모습을 관찰하던 시절을 떠올리며 다시 연구에 몰두했어요.

'새의 비행에 관하여'라는 연구 논문을 발표할 정도였지요. 레오나르도의 친구는 그의 열정에 탄복했어요.

"레오나르도, 정말 네 말대로 사람이 하늘을 날 수 있을까? 이카로스처럼 말이야."

"분명히 가능해. 어떤 물체라도 바람을 잘 이용하면 가능하지. 새가 바람을 향해 날개를 움직이듯, 사람도 공기보다 더 큰 저항을 만들어 내는 날개가 있다면 가능하지."

"그런데 그 날개를 어떻게 만든다는 거야?"

"이 그림을 봐. 이걸 보면 알 수 있을 거야."

레오나르도는 자신이 그린 비행 장치들을 친구에게 보여 주었어요. 마치 잠자리 모양 같기도 하고 헬리콥터나 낙하산처럼 생긴 여러 비행 장치가 그의 노트에 그려져 있었어요.

"정말 대단해. 이 그림대로만 만들 수 있다면 사람도 하늘을 날 수 있겠어!"

불행히도 그가 연구한 이 많은 장치들이 실제로 만들어지진 못했

어요. 왜냐하면 하늘로 날아오른 뒤에 방향을 바꾸거나 착륙할 수 있는 비행 장치를 연구하지 못했기 때문이에요.

하지만 그가 남겨 놓은 비행 장치 그림들은 훗날 과학자들과 발명가들이 비행기와 헬리콥터 등을 발명하는 데 중요한 자료가 되었답니다. 실제로 그의 그림은 지금의 비행기 모습과 아주 많이 닮아 있어요.

이렇게 끊임없이 연구하면서도 레오나르도는 그림 그리기를 멈추지 않았어요. 이 무렵 탄생한 또 하나의 작품이 바로 '모나리자'이지요.

모나리자는 조콘다라는 피렌체의 한 갑부의 아내였어요. 조콘다가 레오나르도에게 아내의 초상화를 부탁한 거예요.

모나리자라 불리는 여인은 무척 우아한 매력을 지닌 여성이었어요. 레오나르도는 그녀의 모습을 그리면서 어렴풋이나마 어머니를 떠올렸어요.

'어머니도 나를 낳고 저런 미소를 지었겠지. 비록 지금은 돌아가셨지만……'

레오나르도는 더욱더 모나리자의 초상화에 몰두했어요. 얼마나 정성을 들였는지, 그림을 그리는 데 무려 4년이 걸렸어요.

하지만 이 그림은 끝내 조콘다에게 건네지지 못했답니다. 눈썹이 그려지지 않은 미완성 작품이었기 때문이지요.

사람들은 레오나르도가 이 작품을 너무 사랑한 나머지 조콘다에게 주지 않기 위해 일부러 눈썹을 그리지 않았다고 말하기도 했어요.

루브르 박물관에 소장되어 있는 '모나리자'.
조콘다의 아내를 그렸다고 해요.
레오나르도의 작품 중에서 가장 많은 수수께끼를 지니고 있어요.
레오나르도는 이 그림을 여성의 아름다움과 기품을
표현한 작품으로 여기며, 늘 가지고 다녔어요.

르네상스를 대표하는 천재 레오나르도 다 빈치는
평생 사물에 대한 호기심과 열정을 잊지 않고 살았어요.

    레오나르도의 속마음은 알 수 없지만, 이 그림이 마치 어머니처럼 레오나르도에게 안식을 주었다는 것은 기록을 통해 알 수 있어요.
    레오나르도의 '모나리자'에는 그림으로 표현할 수 있는 거의 모든 것이 담겨 있다고 해도 지나친 말이 아니에요. 눈은 마치 살아 있는 듯 물기가 어려 있고, 빛을 뿜으면서도 우아한 자태를 유지하고 있지요. 특히 '모나리자'의 미소는 어느 누구도 흉내 내지 못할 만큼 매혹적이라는 평가를 받고 있어요. 레오나르도는 이 그림을 죽을 때까지 가지고 있었다고 해요.

어느덧 노인이 된 레오나르도는 프랑스의 왕 프랑수아 1세의 초대로 쿨루 성에서 지내게 되었어요. 프랑수아 1세는 문학과 예술에 깊은 조예를 가진 열정적인 왕이었지요. 그는 오래 전부터 레오나르도의 명성을 들었고, 그를 곁에 두고 싶어 했어요.

왕은 해박하고 풍부한 지식을 가진 레오나르도의 이야기를 듣는 것만으로도 너무나 즐겁고 기뻤어요. 젊은 시절 레오나르도가 연구한 노트를 보며 그에게 여러 가지 발명품에 대한 이야기를 듣는 것도 빼놓을 수 없는 즐거움이었지요.

하지만 레오나르도는 점점 쇠약해져 갔어요. 그리고 어느 날 레오나르도는 자신이 죽음을 앞두고 있다는 사실을 깨달았어요.

레오나르도는 한달음에 달려온 프랑수아 왕에게 말했어요.

"고맙습니다, 폐하. 저는 많은 작품을 미완성으로 남겼습니다. 신을 거역했으며, 많은 사람들에게 폐를 끼쳤습니다. 이런 일들을 사죄하고 싶습니다."

왕은 조용히 늙은 거장의 손을 잡으며 말했어요.

"위대한 레오나르도 다 빈치여. 그대는 이 세계에서 가장 훌륭한 예술가였습니다. 신은 당신을 자랑스럽게 여길 것이며, 나 역시 당신을 영원히 가슴속에 간직할 것입니다. 부디 평안하기 바랍니다."

이렇게 레오나르도 다 빈치는 왕의 축복을 받으며 조용히 숨을 거두었답니다. 1519년 5월 2일, 그의 나이 예순일곱이 되던 해였습니다.

레오나르도 다 빈치 따라 하기

이 세상 모든 사람들은 누구나 자신만의 재능을 지니고 있답니다.
학과 공부를 잘하는 사고 능력만이 재능은 아니랍니다.
사고 능력 외에도 창의력, 감성 능력이 모두 재능이지요.
어떤 사람은 사고 능력보다 감성 능력이 앞서고,
다른 사람은 창의력이 앞설 수 있답니다.
성공한 사람들을 살펴보면 바로 자신에게 숨어 있는
재능과 적성을 알고 이를 잘 계발했다는 점을 발견할 수 있어요.
레오나르도 다 빈치는 천재로 알려져 있어요.
하지만 레오나르도가 꾸준히 그림을 그리지 않고
호기심이 가득 찬 눈으로 세상을 보지 않았다면,
그는 오늘날 우리가 기억하는 모습으로 남을 수 없었을 거예요.
지금부터 레오나르도 다 빈치를 따라 해 봐요!

약도 그리기

예미는 사회 시간에 학교 주변의 모습을 관찰하는 수업을 듣고 집에서 학교까지 약도를 그려 보았어요. 여러분도 집에서 학교까지 가는 길을 잘 생각해 보고 약도를 그려 보세요.

3학년 1학기 사회 1단원 참조.

집 앞에서 오른쪽으로 가면
재능중학교가 나와!
중학교 정문에서 횡단보도를 건너 앞으로
쭉 가면 큰 소나무와 약국이 있어!
그곳을 돌아서 가면 육교 옆에
학교가 있지!
이제 그림으로 그려 볼까?

잘 생각해 보았나요? 먼저 글로 정리하고 그려 보세요.

하루 일과를 만화로 그려 보기

예미는 자신의 하루 일과 중 가장 기억에 남는 일을 만화로 그렸어요. 여러분은 어떤 하루를 보냈나요? 가장 기억에 남는 일을 만화로 그려 보세요.

우리 반에 부끄러우면 얼굴이 빨개지는 난희라는 친구가 있다. 친구들이 난희를 놀려서 친구들을 혼내 주고 난희를 위로해 주었다.

♥ 하루 일과 중 이 일이 가장 기억에 남는 이유는?

상상하여 그려 보기

레오나르도 다 빈치는 무기를 막아 내는 둥근 방패에 상상의 동물을 그렸어요. 여러분도 잠잘 때 덮는 이불에 무서운 꿈으로부터 나를 보호해 주는 수호신을 그려 보세요.

4학년 2학기 과학 1단원 참조.

방패는 무기를 막아 내야 하기 때문에 무섭고 위협적인 그림이 좋겠다고 생각했지! 나는 여러 동물의 모습을 관찰한 후에 상상의 동물을 그리게 되었어. 친구들도 상상의 동물을 그려 봐!

'거울 필체' 써 보기

레오나르도 다 빈치.

레오나르도 다 빈치는 왼손잡이였어요. 하지만 그 시대에는 왼손잡이를 못마땅하게 여겼기 때문에 모두 오른손잡이가 될 수 있도록 교육시켰답니다. 레오나르도는 자신이 왼손잡이라는 사실을 일부러 알리지 않고 어른이 되어서도 왼손으로 오른쪽에서 왼쪽 방향으로 글을 썼어요. 그래서 훗날 레오나르도의 필체를 '거울 필체'라 부르게 되었답니다.

사람들이 레오나르도 다 빈치의 글을 읽으려면 거울을 들고 보거나 종이를 뒤집어 불빛에 비춰 봐야 했어요. 왜냐하면 다른 사람들이 그의 아이디어를 훔쳐 가지 못하도록 거울 필체로 글을 썼기 때문이지요.

이 정도면 못 알아보겠지?

💚 여러분도 아래의 빈칸을 채운 후 오른쪽에 거울을 대고 레오나르도처럼 거울 필체로 써 보세요.

저는 _____ 초등학교 ____ 학년 ____ 반
_____ 입니다.

나의 취미는 _____ 이고 특기는 _____ 입니다.

나의 꿈은 _____ 이 되는 것입니다.

관찰 노트 만들기

레오나르도 다 빈치는 그림(공간) 지능이 높은 위인으로, 자신의 생각을 글과 그림으로 노트에 가득 채웠습니다. 여러분도 레오나르도처럼 식물의 잎에 대한 관찰 노트를 만들어 보세요.
3학년 2학기 과학 1단원 참조.

레오나르도 다 빈치의 노트 중 일부분

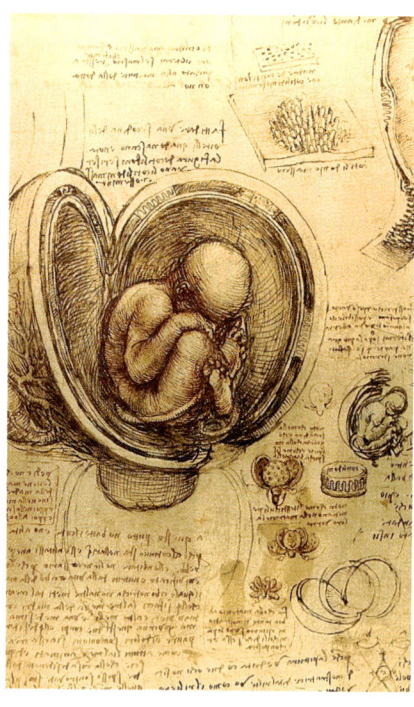
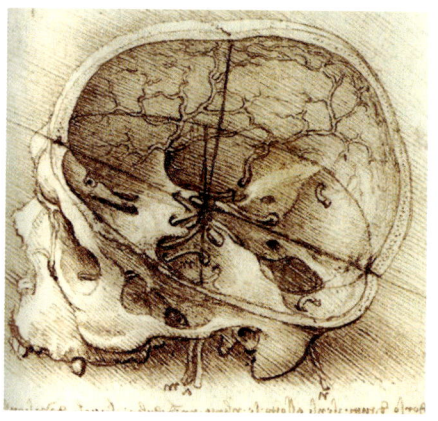

자궁 안에 있는 태아와 뇌의 모습.

식물의 잎 관찰하기

· 여러 가지 식물의 잎 3장을 준비하세요.

· 식물의 잎을 관찰해 보세요.
 – 잎의 생김새
 – 잎의 앞면과 뒷면

· 관찰한 결과를 그림과 글로 나타내 보세요.
 – 크기, 모양, 앞면, 뒷면

발명품 알아보기

아래 그림은 레오나르도 다 빈치의 발명품입니다. 발명품을 보고 자신의 생각과 느낌을 적어 보세요.

 전쟁에서 사용하는 발명품

1) 무엇을 만든 것 같나요?

2) 어떻게 사용하는 걸까요?

3) 오늘날 이 발명품과 비슷한 것이 있다면?

 하늘과 관련 있는 발명품

1) 무엇을 만든 것 같나요?

2) 어떻게 사용하는 걸까요?

3) 오늘날 이 발명품과 비슷한 것이 있다면?

교통수단과 관련 있는 발명품

1) 무엇을 만든 것 같나요?

2) 어떻게 사용하는 걸까요?

3) 오늘날 이 발명품과 비슷한 것이 있다면?

 건축과 관련 있는 발명품

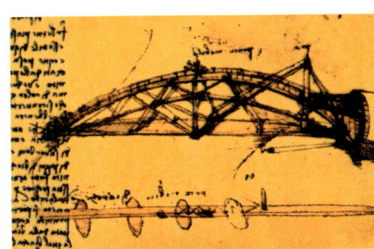

1) 무엇을 만든 것 같나요?

2) 어떻게 사용하는 걸까요?

3) 오늘날 이 발명품과 비슷한 것이 있다면?

위인들의 재능이야기 5
위대한 예술가이자 경이로운 천재 레오나르도 다 빈치

1판 1쇄 인쇄 2009년 10월 27일
1판 1쇄 발행 2009년 10월 31일

기획 | mbc · C*lancer
글 | 이여신
만화기획 | 동아사이언스
만화 | 김인호

재능지도 기획·개발·제공 | C*lancer
액티비티 기획·개발·제공 | C*lancer
캐릭터·삽화 제공 | C*lancer
시리즈 타이틀 제공 | C*lancer

사진 | 동아일보 · Rexfeatures · 연합뉴스 · eyedeaphoto

발행인 | 김재호
편집인 | 이재호
출판팀장 | 김현미

편집 | 한미화
아트디렉터 | 윤상석
디자인 | 박은경
마케팅 | 이정훈 · 유인석 · 정택구 · 이진주
인쇄 | 중앙문화인쇄

펴낸곳 | 동아일보사
등록 | 1968.11.9(1-75)
주소 | 서울시 서대문구 충정로3가 139번지(120-715)
마케팅 | 02-361-1030~3 팩스 02-361-1041
편집 | 02-361-0949 팩스 02-361-0979
홈페이지 | http://books.donga.com

저작권 Copyright ⓒ 2009 mbc · C*lancer
Copyright ⓒ 2009 이여신 · 김인호
이 책은 저작권법에 의해 보호받는 저작물입니다.
저자와 동아일보사의 서면 허락 없이 내용의 일부를 인용하거나 발췌하는 것을 금합니다.

ISBN 978-89-7090-749-9 73810
값 10,000원